KB101916

인물로 보는 일본역사 제5권

요시다 쇼인
일본 민족주의의 원형

차례
Contents

생탄지에서 확인한 광기의 유학자

2018년 초여름, 태풍이 갓 지나간 야마구치현 하기시(萩市)의 풍경은 청천벽해(晴天碧海)라는 표현이 딱 어울린다. 짙푸른 바다가 펼쳐지는 북쪽 해안을 기준으로 좌우로 위치한 시즈키산과 고코쿠산에는 짙은 녹음이 우거져 있었다. 그런 해변의 중소도시 하기에 2015년 7월 문화적인 경사가 있었다. 하기시에 산재한 역사유적이 '메이지일본의 산업혁명유산'이라는 명목으로 유네스코 세계문화유산에 등록된 것이다.

그것은 메이지유신 이전, 즉 봉건제후국이었던 하기번국(萩藩國)이 독자적으로 추진했던 번정(藩政)개혁의 역사적 산물이다. 그 흔적이 근대일본의 산업혁명을 태동시킨 역사적 동력이라는 평가 위에 문화유산으로 등록된 것이다.

그것이 특별한 것은 하기의 반사로(反射爐), 에비스가하나의 조선소, 오이타야마 다타라 제철소 같은 근대적 철강산업을 발전시켰던 유적뿐만이 아니라, 하기성터와 성하마을 그리고 쇼카손주쿠(松下村塾)라는 사립학교 유적이 함께 첨부되면서 하기시 전체가 세계문화유산으로 등록된 형태를 띠었다는 것이다. 세계문화유산 등록으로 탄력을 받은 하기시는 도시 전체를 문화적 박물관으로 탈바꿈시키면서 역사적 전통이 살아 숨 쉬는 문화도시를 지향하고 있다는 것을 시내 곳곳에서 엿볼 수 있다.

2018년 하기시를 비롯한 야마구치현의 지방자치단체는 메이지유신 150주년을 기념하는 문화정책에 매진하고 있었다. 역사유적 명륜관(明倫館)에선 '세계유산 방문자 센터'라는 특별실을 마련하여 문화유산과 관련해 대대적인 전시회를 개최하였다. 전시실의 한쪽에는 '공학교육의 선구자 요시다 쇼인(吉田松陰)'이라는 부제 아래, ①번교 명륜관의 병학자(兵學者)로서 해외의 선진기술을 연구, ②아메리카함대인 흑선에서 밀항을 실패하고 하기번의 감옥에 투옥, ③감옥 안에서도 면학을 장려하고 후에는 쇼카손주쿠에서 교육을 개시, ④공학교육의 필요성을 역설하고 깊은 지식과 높은 의지를 문하생들에게 전수했다는 소제목까지 마련해서 설명하였다.

근현대일본 산업혁명의 원동력으로서 "공학교육을 제창한 선구자"인 요시다 쇼인을 역사적 인물로 현창하고 있는 것이다. 나아가 산업혁명의 주역으로서 '조슈파이브(長州五傑)'의 행적을 소개하고는 "하기에서 시작된 일본 산업화는 중공업부문의 산업혁명으로서 결실"을 맺었다고 설명하고, 맺음말로 바로 "일본근대화의 궤적에서의 하기, 특히 메이지유신의 원점으로서의 하기"를 특필하였다.

그 과정에서 특별히 크게 부각된 것이 요시다 쇼인의 교육현장과 교육 사상이다. 즉 쇼카손주쿠의 시대적 역할과 역사적 의의를 세계문화유산의 등록기준과 결부시켜 재정립함으로써 당시 하기번국의 관영학교로 번정교육의 최대중심이었던 명륜관의 유적이 존재하지만 요시다 가문이 가족적인 서당유형으로 운영하던 사숙(私塾)인 쇼카손주쿠만 특별히 명기되어 세계문화유산으로 당당하게 이름을 올렸던 것이다.

요시다 쇼인이 병학사범으로 출사한 하기번의 관영학교였던 명륜관 그리고 에도의 도쿠가와 막부에 의해 국사범이라는 죄명 아래 유수(幽囚)된 쇼인이 사숙형태로 짧은 기간 후학을 육성했던 교육장소인 쇼카손주쿠는 오늘날 문화도시 하기를 상징하는 관광명소다. 명륜관은 오늘날에도 여전히 명륜학사와 유비관이라는 문무교육장을 보전하고 있으며, 그 한쪽에는 명륜소학교와 하기도서관이 자리 잡고 있는 교육 중심지다.

한편 쇼카손주쿠의 경내에는 현재 쇼인의 생가와 교육장은 물론 이 밖에도 요시다 쇼인을 일본적 신앙 대상으로 신격화한 쇼인신사(松陰神社), 쇼인의 일대기를 재현해 전시한 요시다 쇼인 박물관 그리고 쇼인의 유물을 전시한 보물전인 지성관(至誠館) 등이 자리 잡고 있다.

하기시를 방문하여 하기성터에 인접한 시즈키산에 올라 하기 시내를 두루 관망하고 명륜관의 특별전시회를 관람하고 쇼카손주쿠와 쇼인신사를 견학했다. 또 하기번국의 번주였던 모리가의 보리사를 방문하여 모리가문의 묘소와 장제문화를 답사하는 여행을 마친 것이 2018년 7월이다. 목적은 이 책의 주제인 요시다 쇼인의 실체에 보다 가깝게 접근하기 위해서다. 나는 일찍이 인터넷 인물사전에 요시다 쇼인을 소개한 적이 있다. 관련학회의 지인들의 권유를 받아 집필진에 합류하여 배정받은 인물 가운데 한 명이 요시다 쇼인이었다. 선행연구를 중심으로 그의 학문과 사상의 특징을 정리하면서 틈틈이 주석서와 현대일본어로 번역된 자료들을 대조하였고, 때로는 한국학계와 대중문화 속의 요시다 쇼인의 초상도 확인하였다.

그 결과로서 제시한 것이 네이버 지식백과에 실린 「요시다 쇼인, 막번체제가 낳은 광기의 사상가」다. 이것을 요약하면 다음과 같다.

"요시다 쇼인은 도쿠가와 막부 말기 병학자이며 사상가이며 교육자다. 유년시절부터 막번체제하의 영재교육의 혜택을 받으면서 성장한 쇼인의 꿈은 일본을 초월하여 해외로까지 확산되었지만 구미열강이 밀려오는 서세동점(西勢東漸)에 의해 동요하는 막번체제 앞에서 꿈은 좌절됐다.

몽상과 좌절을 체험하면서 쇼인이 구상한 것이 독립국가 일본의 보전이다. 구체적인 방법으론 쇼군 중심의 무가정권에서 천황이 보다 확실한 지도력을 발휘하는 천황 중심의 정치체제로 전환하는 사회변혁을 전망하면서 오대주로 웅비하는 해양국가의 건설을 주창하는 웅대한 세계상을 제시하였다.

그리고 그 꿈을 실현시켜줄 주체로 주군인 모리 다카치카(毛利敬親)를 설정하고 존왕양이론이나 대학교 건설 등과 같이 다양하고 구체적인 정책을 상소문 형태로 수시로 상신하였고 나아가 문하생을 비롯한 학문적 동지들에게도 변혁 주체로 동참할 것을 호소하였다."

이렇게 제출된 정책론은 그대로 기록물로서 현재까지 전해져 상세한 내용을 확인할 수 있다. 나는 이상의 요지를 설명하기 위해 '막번체제 아래의 행운아' '새로운 이상세계를 추구하면서' '해외로까지 확산된 쇼인의 몽상' '체제변혁의 혼돈 속에 분출한 광기' '말기 막번체제가 낳은 교육 사상'이라는 목차도 세웠다.

요시다 쇼인은 30년을 살았다. 목차에서 활용한 행운아의 의미는 25세까지의 삶이고, 그 후반의 5년간은 국법을 어긴 범법자로서 투옥과 연금이 되풀이 된 삶을 살아야만 했고, 끝내 도쿠가와 막부의 마지막 무단정치인 안세이대옥(安政大獄)에 의해 사형대의 이슬로 사라져야만 했다. 죄목은 지방 번국의 하급 사무라이가 중앙정부인 막부가 결정하는 국가의 중대사에 관해 독자적인 정치적 견해를 피력하고 실행하려 했다는 하극상, 요컨대 불경죄였다.

쇼인이 피력한 정치적 견해는 쇼인이 왕성하게 저술한 『유수록』『강맹여화』『장급사언』『광부의 말씀』『대책일도』

『우론』『속우론』『급무 4조』등에 잘 나타나 있다. 그 내용은 모두 1853년 개국에서부터 58년 이후 구미열강들과 맺은 통상조약을 포함한 대외정책 방향을 제시하면서 일본을 독립국가로 보전할 방법을 나름대로 제시한 것이다.

특히 후반부 자료에서 전개된 정치사상을 보면 그는 일본 국위를 해외에 떨쳐야 된다는 개국론자다. 결코 양이만을 외치는 쇄국론자가 아니었으며, 또 에도 막부를 붕괴시킬 것을 주창하는 토막론자도 아니었다. 그리고 국체사상의 선구자라고 평가받을 만큼 천황중심주의를 주창하지도 않았으며, 후세에 대교육가라고 평가받을 만큼 교육사업에 확실히 성공한 것도 아니다.

만년의 그가 번주를 비롯한 번국의 중추요인들과 문하생들에게 발신한 것은 구미제국과 맺은 통상조약으로 촉발될 외환에 조정과 막부와 번국이 일치단결하여 단호히 대처해야 함에도 쇼군의 계승권을 둘러싸고 권력싸움에 여념이 없는 무가정권이라는 내우를 눈앞에 두고 "지금 당장 천하가 망할 것은 이미 결정"(『광부의 말씀』)되었다는 종말론적 위기의식이었다.

이상과 같은 정리는 선행연구에 대한 학문적 이의제기이며, 동시에 한국학계의 일본인식에 대한 학문적 우려를 표명한 것이기도 하다. 왜냐하면 『두산백과사전』에서 요시다 쇼인은 "일본 에도시대(江戶時代)의 존왕파(尊王派) 사상가이자 교육자로 메이지유신의 정신적 지도자이자 이론가로 여겨진다. 『유수록』이라는 저서를 통해 정한론(征韓論)과 대동아공영론(大東亞共榮論) 등을 주창하여 일본의 제국주의 팽창에 큰 영향을 끼쳤다" "이토 히로부미(伊藤博文) 등 쇼카손주쿠 출신들은 대부분 메이지유신 이후 정부에서 중심적 역할을 담당하였다. 그리고 홋카이도의 개척과 오키나와의 일본 영토화, 조선의 식민지화, 만주와 타이완, 필리핀의 영유 등을 주장한 요시다 쇼인의 사상은 일본의 대외정책에 큰 영향을 끼쳤으며, 오늘날 일본 우익에도 일정한 영향을 끼치고 있다. 그의 저서로는 『유수록』이외에 『맹자(孟子)』를 연구하여 강의한 내용을 기록한 『강맹차기(講孟箚記)』 등이 있다"고 소개된다.

정한론과 대동아공영론의 주창자이며, 해외팽창을 거듭하면서 제국주의 침략을 일삼은 근대일본제국의 선지자이며, 현재 일본의 우익사상과 결부시킨 요시다 쇼인이라는 표상이다. 이는 최근 한국 대중문화에서의 일본비판, 즉 아베 신조의 자민당 정권을 비판한다면서 요시다 쇼인을 거론하며 정한론이나 대동아공영론을 들먹이는 맹목적인 민족주의자들의 주장과 거의 흡사하다.

문제는 국난을 눈앞에 두고도 국론의 통합보다 권력싸움에 휘말린 정치권력에 의해 사형대에서 삶을 마감한 쇼인에게 정확한 논증이나 논거도 없이 오로지 일본학계에서 제출된 특정 선행연구에 의지해서 근대일본제국이 자행한 어두운 부의 유산을 뒤집어씌우는 것이 한국 지식사회와 한국 국민의 민족정서에 얼마나 도움이 되느냐는 것이다.

왜냐하면 그 특수이론들은 특정 시기에 특정 연구자들에 의해 제시된 해석학적 학설로서 근현대시기를 막론하고 일본제일주의를 지향하는 국체사상가들이 만들어낸 일본패권주의의 산물이기 때문이다. 이렇게 만들어진 일본적 특수이론들을 한국인 연구자나 대중매체들이 마치 선양 또는 찬양이라도 하듯이 앞다투어 재생산하는 한국사회의 현실에는 그저 아연실색할 뿐이다.『두산백과』에서 논거로서 제시한『유수록』의 원전에서 해당 부분을 찾아본다.

해가 떠오르지 않으면 기울고 달이 차지 않으면 빠지고 나라는 융성하지 않으면 쇠퇴한다. 그러므로 나라를 잘 보전한다는 것은 그저 갖고 있는 것은 잃지 않는다는 것이 아니라 그 없는 것을 늘림에 있다. 지금 서둘러 무비를 수선하고 함선(艦)을 구비하고 포(礮)가 충분하다면 에조치(蝦夷地)를 개간해서 제후에 봉건하고, 틈을 타서 캄차카와 오호츠크를 탈취하고, 류

큐를 타일러 조근회동하여 내지의 제후에 대열시키고, 조선을 책망하여 인질과 공물을 바치게 하길 옛날의 성세와 같게 하고, 북의 만주 땅은 나누고 남의 타이완과 루손 등의 섬들을 수습하여 점차 진취의 위세를 보여야만 할 것이다. 그런 다음에 백성을 사랑하고 사무라이를 양성하여 변경을 잘 지키면 물론 나라를 잘 보전한다고 말할 만한 것이다. 그렇지 않고 여러 오랑캐와 서로 쟁취하는 가운데에 앉아 손과 발을 꿈쩍도 않으면 나라가 쇠퇴하지 않는 경우는 몇이나 될까?

(日不升則昃, 月不盈則虧, 國不隆則替, 故善保國者, 不徒無失其所有, 又有增其所無, 今急修武備, 艦略具, 礮略足, 則宜開墾蝦夷, 封建諸侯, 乘間奪加摸察加陳都加, 諭琉球朝覲會同比内諸侯´責朝鮮納質奉貢´如古盛時´北割滿洲之地´南收台灣呂宋諸島´漸示進取之勢, 然後愛民養士, 愼守邊, 固則可謂善保國, 矣不然坐于群夷爭聚之中´無能擧足搖手而國不替者其幾與)

쇼인의 국가보전론이다. 조선이 인질과 공물을 바쳤다는 옛날을 부각시킨 표현이 있다. 이것에서 정한론이라 주장한다면 『유수록』의 후반부에서 불교전래를 비롯하여 오경박사와 담징의 도일 등을 담담히 기록한 고대 한일관계는 어떻게 이해해야만 할까?

상기한 바와 같이 요시다 쇼인은 밀려드는 구미열강의 무력적인 서세동점 앞에서 일본의 독립 보전과 국가의 안위를 걱정하면서 그동안 자신이 습득한 학문과 지식을 충분히 활용하면서 세계상을 구상한 몽상가이며, 그 청사진을 번주를 비롯한 번정 중추에게 명확하게 제시한 젊은 병학자이며 유학자이며 실천적 사상가였다. 쇼인의 정치사상과 정책론은 『속우론』과 같이 교토 조정의 고메이 천황에까지 전해져 익혔다는 주장도 있지만 그 특별한 것을 제외하면 모두가 번주 다카치카에게 상신한 상소문의 범위를 벗어나지 않았다.

그가 1858년 노야마 감옥에 재차 투옥되고 에도에 호송되어 덴마초 감옥에서 사형수로 처형된 죄상이기도 한, 로주 마나베 아키카쓰의 습격계획이나 번주 다카치카의 가마를 교토의 궁궐로 돌려서 존왕양이 정책을 실행하게 한다는 번주요가책과 같은 정치적인 실천운동도 하기번국 차원에선 비밀이 아니었다. 요컨대 그 정치운동이 빌미가 되어 재수감되고, 이것이 확대되어 에도에 호송되어 중앙무대의 정치적인 희생양이 되었던 것이다.

그런 쇼인이 한반도를 정벌한다는 정한론이나 동아시아 국가와 민족들이 뭉쳐 세계를 제패해야 된다는 대동아공영론의 원조적 괴수로 추앙받게 된 배경 또는 원동력은 무엇인가? 그 해답을 찾아보고자 나는 하기를 방문하여 관련 유적과 자료를 확인하였다. 그 결과로 하기에서 태어나 하기번국의 하급무사로서 본분에 충실하고자 최선을 다한 일생을 살다 간 요시다 쇼인의 학문과 사상을 조명한 『요시다 쇼인, 일본 민족주의의 원형』을 집필하게 되었다.

우선 근현대일본이 국가적인 사업으로 추진한 국가신도의 산물로 탄생한 두 개의 쇼인신사의 의미를 제1장 '광인을 신격화한 근현대일본'에서 확인하고, 제2장에서는 그렇게 신격화된 쇼인의 초상과 쇼인이 정열을 기울여 남긴 대표적 작품들을 분석하여 양자의 괴리가 얼마나 큰 것인가를 확인했다. 제3장에서 인터넷 인물사전에서 강조했던 막번체제의 행운아, 즉 번주 모리 다카치카의 번정을 개괄하여 쇼인의 학문과 사상을 재검토하고, 제4장에서는 한국학계에서 부감한 쇼인의 양명학적 가능성과 박은식의 국혼론에 대하여 서술하였다.

이상과 같이 네 개의 단원으로 구성된 본론을 준비하기 위해 장황한 「머리말」을 작성하였고, 마지막으로 한반도 한민족의 미래를 위해 도움이 될 만한 요시다 쇼인의 학문과 사상을 전망하였다.

제1장 광인을 신격화한 근현대일본, 쇼인신사와 쇼몬신사

쇼인신사와 쇼몬신사의 탄생과 21세기의 현주소

1890년 8월 쇼카손주쿠의 개수공사에 즈음하여 쇼카손주 쿠의 서쪽에 남향의 작은 사당이 건립됐다. 이것이 하기 쇼인신사(松陰神社)의 시초다. 흙벽 구조 건물인 이 작은 사당은 쇼인의 생가인 스기 가문의 사적 사당으로 전문적 신관도 두지 않았다. 형인 스기 우메타로가 춘추에 맞춰 제례를 올리고 유지들의 참배를 맞이하는 정도였다. 그런데 20세기 들어 쇼인의 문하생으로 메이지정부의 중추관료로 출세한 이토 히로부미와 노무라 야스시 등이 중심이 되어 하기에 공적 종교시설로서 쇼인신사의 창설 운동이 일어났다. 1907년 야마구치현에 신사창립의 청원서가 제출되고, 같은 해 10월 4일 현사(縣社)의 사격에 맞춘 신사설립이 허가되었다. 그 자리에 있었던 흙벽구조의 사당은 그대로 쇼카손주쿠의 남쪽으로 이전하고 여기에 축사전(祝詞殿)을 건립하여 본전으로 삼았다. 신사의 부속시설로서 우물, 도리이, 데미즈야, 석등롱, 도서고, 사무소 등의 증설공사가 계속되며 기본형태가 갖추어졌다.

그 후 1936년 1월 쇼인신사 개축 봉찬회가 설립되고 이듬해 2월 5일 왕정복고 70주년 기념사업으로 쇼인신사 신역 확장공사가 시작되어 5월 29일 준공 및 봉납식이 거행되었다. 그 확장부지는 약 5,000제곱미터(1,500평)이며 총공사비는 1만 4,800엔이 소요되었다. 쇼인의 현창은 끝나지 않았다. 1940년 3월에 확장된 부지의 동쪽에 신역이 새롭게 설정되고 사전 개축공사를 기공하였다. 1941년 4월 27일 기둥을 세우는 입주식, 10월 27일에 대들보를 올리는 상량식, 1942년 편백나무 껍질로 지붕을 이은 사전을 준공하였다.

하지만 전년 12월에 진주만 습격과 더불어 발발한 태평양전쟁의 영향으로 제신인 신령을 옮기는 천좌를 하지 못한 채 1945년의 종전을 맞이하였다. 종전 직후의 혼란이 수습될 무렵인 1954년 5월부터 사전의 지붕을 동판으로 개수하고,

이듬해 1955년 10월 26일 옛 사전에서 신축사전으로 천좌하는 제례를 성대하게 치렀다. 이렇게 개축공사는 종료되었고, 사전과 신역의 정비와 더불어 면목을 일신한 쇼인신사는 쇼인의 죽음＝순난(殉難) 100주년이 되는 1969년 10월 27일 황족 다카마쓰노미야 노리히토의 임석하에 염원의 백년제(百年祭)를 성대하게 거행하였다. 이것이 현재의 쇼인신사다.

　신사에서 받드는 제신(祭神)은 요시다 쇼인의 신령을 제사하고, 쇼인이 애용한 연적과 자필의 문장 한 편을 신위로 함께 제사 지내고 있다. 이것은 1859년 10월 20일 부모형제에게 부친 『영결의 말씀』 속에 남긴 유언에 의한 것이다. 즉 "내 수급은 에도에 묻고, 집안 제사에는 내가 평생 애용한 연적과 더불어 작년 10월에 증정한 서책을 신주(神主)로 삼을 것을 부탁드리는 바"에 의거한 것이다. 연적은 쇼인이 1849년 7월 하기번정의 명령으로 북서지방인 기타우라(北陸)시찰을 수행하는 과정인 아카마가세키(현재의 시모노세키)에서 구입한 것인데, 쇼인이 "10개년간의 저술 활동에 도움을 준 공신"이라 기록할 정도의 연적이다. 자필의 서책은 1858년 29세 때에 막부의 로주 마나베 아키카쓰를 요격하기 위해 상경하고자 결심하고 부모형제와 친지에게 결별을 고한 11월 6일자의 한문체 서간이다. 평생의 포부와 당시의 결심을 기록한 총 856자의 서책이다. 이상이 요시다 쇼인을 신격화한 쇼인신사의 전모다. 그뿐만이 아니다.

쇼몬신사(松門神社)는 쇼인의 신격화과정에서 파생된 종교시설의 하나로서 문하생들의 신위를 합사해 받드는 신사다. 1955년 10월 26일 쇼인신사의 신축사전이 완성되고 천좌제례가 차질 없이 종료하였으므로 종전의 사전을 해체할 것인가 보존할 것인가 여러모로 검토한 결과, 유서가 있는 신전이므로 어떤 형태로든 남기기로 결정하였다. 이듬해 1956년 5월 21일 북쪽 옆에 말사인 쇼몬신사로 고쳐짓고 10월 26일 천좌제를 거행하였다. 도리이도 옛 사전의 것을 그대로 옮겨 세웠다.

여기에는 쇼인의 문하생 42인의 신위가 안치되어 있는데, 특별히 주목되는 문하생은 다음과 같다. 1854년 쇼인과 함께 시모다 도해(渡海)를 시도한 죄로 이와쿠라 감옥에서 병사한 가네코 시게노스케를 비롯하여 이른바 '쇼몬의 사천왕'이라 불리는 다카스기 신사쿠, 구사카 겐즈이, 요시다 도시마로, 이리에 구이치가 합사되어 있지만 이들은 막부 말기의 혼란 정국에서 하기번주 모우리 가문을 위해 정치적 활동을 하다 메이지유신 이전에 모두 요절한 인물들이다.

쇼카손주쿠는 쇼인이 노야마 감옥에서 출소해서 연금된 생가에서 본격적으로 교육을 시작한 1857년 11월부터 다음 해 12월에 재차 투옥되기까지 최후의 1년간 문하생을 가르친 교육장소다. 유수실에서 가르친 2년을 통산해도 실제의 교육기간은 불과 3년을 넘지 않는다. 이 짧은 기간에 쇼인은 많은 문하생에게 심혈을 기울여 자신의 이상을 가탁했던 것이다.

훗날 천황을 받들며 서양오랑캐를 물리치거나 도쿠가와 막부를 토벌한다는 존왕양이(尊王攘夷)와 존왕토막(尊王討幕)의 정치운동에 한 몸을 바친 문하생들의 원동력을 배양한 역사적인 현장으로 평가되는 쇼카손주쿠지만, 그곳은 엄격한 규칙이 없는 자유로운 사숙이었다. 강의 중이라도 개개인에게 충분한 의견을 말하게 하고 특히 시사를 논담할 때에는 토론형식을 띠는 종합적 수업을 진행하면서도 개성을 존중하는 교육을 주안으로 하고 있었다. 또 사제간은 물론 문하생 상호 간의 인간적인 접촉을 도모하면서 교육효과를 최대화한 것이 사숙의 교육방침이다.

요컨대 쇼카손주쿠의 최대 매력은 살아 있는 지식이 있었고 서책으로는 전달되지 않는 선생의 열기가 넘치는 현대적 감각이 있었다는 것이다. 온갖 학문을 단순한 지식으로 부여하는 것이 아니라 모든 것을 내 일신과 관련시켜 탐독하도록 가르치고 주체적으로 생각하는 것의 즐거움을 불러내 각성시켰다.

쇼카손주쿠 문하생은 약 90인으로 추정된다. 거의 근교의 청소년들이지만 그중에는 성하마을에서 다니거나 번내 각지에서 올라온 학생도 있고, 번교인 명륜관의 학생도 포함되었다. 수학 기간은 길게는 2년 3개월, 짧게는 1~2주에 불과한 학생도 있었다. 쇼인은 입문한 학생들의 신분계층을 불문하고 오는 자를 거부하지 않았다. 여기서 배운 문하생의 약 반수는 메이지유신에서 활약했지만 쇼인 선생이 기대한 문하생 중에는 유신의 여명을 보지 못하고 생을 마감한 사람이 많고, 행운으로 살아남아 메이지정부의 고위관리가 되어 활약한 사람도 있다.

이상은 쇼인신사가 제작한 『요시다 쇼인 선생과 쇼인신사』(松陰神社, 『吉田松陰先生と松陰神社』)에서 소개된 내용이다.

이른바 쇼인을 기리는 쇼인신사가 존재하기에 쇼인과 관련된 유적이 보전되고 있다고 해도 과언이 아니다. 그런 쇼인신사의 신역 안에 있는 쇼카손주쿠가 스기 가문의 친인척을 중심으로 운영하던 사숙임에도 불구하고 일본역사에 이름을 각인하고, 나아가 세계문화사에 남을 유네스코 문화유산으로서 등록되었던 것이다.

생애와 야마가류 병학의 수업

요시다 쇼인은 1930년 8월 4일에 태어나 1859년 10월 27일까지 29년 남짓의 짧은 일생을 살았다. 하지만 그가 남긴 기록과 역사적인 흔적은 광대하다. 그 짧은 일생은 크게 다섯 단계로 개괄할 수 있다.

첫째, 하기번의 반농반사의 하급무사 가문에서 출생한 쇼인은 병학사범인 요시다 가문(吉田家)의 양자가 되었다. 양자 가독을 계승하기 위해 쇼인은 가업인 병학 수련은 물론 동아시아 보편사상인 유학과 일본 중심의 국수주의 성격인 국학과 해외정세에 관한 다양한 지식까지 두루 섭렵하였다.

둘째, 병학사범으로 독립한 쇼인은 전국 각지의 고명한 학자들과 사상가를 찾아 주유하는 유학생활을 통해 많은 지식을 쌓고 견문도 넓혔다. 그의 학문적 호기심과 열정은 일본열도의 지식 수준을 넘어서 해외도항을 꿈꾸고 시모다 도해를 시도하였다.

셋째, 하지만 해외도항을 금지한 국법을 어긴 범죄자로 쇼인은 하기번국의 도읍인 하기로 송환되어 노야마 감옥에 투옥된다. 감방에서 재기를 다짐하면서 일본역사를 비롯한 다양한 분야의 독서에 몰입한 쇼인은 학문적 심화와 더불어 독자적인 사상가로 성장한다.

넷째, 마침내 가내 연금이라는 감형처분에 따라 감옥에서 거처를 생가의 유수실로 옮긴 쇼인은 쇼카손주쿠라는 사숙에서 교육활동에 매진한다. 사숙의 교육기간은 짧고 교육과정도 자유분방한 형태로 진행되었지만 그 문하에서 근대일본의 역사적 인물을 다수 배출하게 된다.

마지막인 다섯째, 그의 교육활동은 점차 정치사상으로 구체화되면서 문하생을 매개로 한 정치활동으로 확산되었다. 그 정치활동의 결과는 재차 노야마 감옥에 투옥되었을 뿐만 아니라, 마침 안세이대옥이라는 무단정치를 단행하는 도쿠가와 막부의 에도로의 이송 명령과 강권취조에 의해 국사범으로 간주되어 사형대의 이슬로 생을 마감했다.

이상과 같은 요시다 쇼인의 일생을 여기에선『요시다 쇼인 전집』제1권에 수록된「요시다 쇼인 연보」와 쇼인신사의 보물관인 지성관이 표상한「요시다 쇼인의 진골두」를 토대로 소개하고자 한다.

요시다 쇼인은 하기번의 번사 스기 유리노스케의 차남으로 태어났다. 그의 생가는 하기 성하마을의 동쪽 교외인 고코쿠산의 기슭에 위치하여 성하마을을 한눈에 볼 수 있는 자연경관 속의 조용한 장소였다. 스기 가문은 가록이 26석에 불과한 반사반농의 하급무사 집안이었지만 경신숭조하고 근로호학하는 부친과 인애근검하며 살림을 꾸려나가는 모친은 어려운 생활 속에서도 3남 4녀의 자식을 두었으며, 게다가 조모와 숙부도 함께 기거하는 다복한 가정이었다. 부모의 성실한 생활과 화목한 가족들과 더불어 쇼인은 인생의 3분의 2에 해당하는 18년간을 생활하면서 귀중한 인간형성기를 보냈다.

부모를 중심으로 가족들의 신뢰관계는 쇼인의 생애를 통해서 최대의 버팀목이 되었으며, 특히 맏형인 우메타로와의 일체감은 쇼인의 반신이라고 일컬어질 정도의 존재였다. 쇼인은 다섯 살 때에 야마가류 병학사범인 숙부 요시다 다이스케의 임시 양자가 되고, 다음 해 양부가 급사하였기 때문에 6세에 가독(家督: 대를 이을 맏아들 신분)을 상속하여 병학사범을 지향하게 된다. 근세일본의 독특한 신분제사회의 관행에 따른 것이다.

9세에 하기번의 관영학교 명륜관의 교수 견습생이 되었지만, 하기번정은 가업인 직책인 병학사범에는 대리 교수가 근무하게 하고, 18세가 될 때까지 후견인으로서 숙부인 다마키 분노신과 양부 요시다 다이스케의 수제자 여럿을 쇼인의 교육담당으로 임명하여 병학사범으로 성장시켰다. 특히 숙부 다마키 분노신의 엄격한 교육을 받은 쇼인은 성실하게 유학과 병학을 탐구하며 흔들림 없는 향학심에 불타는 젊은

이로 성장하였다. 숙부 다마키 분노신은 쇼인에게 번국의 무사로서 번주에 보답하는 이상적 무사상을 지향할 것을 훈계하였고, 여기에 쇼인도 충분히 부응하였다.

　쇼인은 1848년 번주 모리 다카치카에게 『무교전서(武教全書)』를 강의하였다. 『무교전서』는 야마가류 병학의 원조인 야마가 소코(山鹿素行)가 17세기에 남긴 병학서다. 번주는 훌륭한 강의에 쇼인의 대성을 기대했고, 15세 때에는 상람한 포상으로 병법서 『칠서직해(七書直解)』를 수여하기도 했다. 쇼인은 1848년 19세의 젊은 나이에 야마가류 병학사범으로서 독립했다. 마침 번정개혁의 일환으로 추진되는 명륜관의 재건에 즈음해서 「명륜관어재건에 따른 지침서」를 저술하여 상신하고 『병학료정서 조목』을 제시하며 병학사범으로서 당당한 역량을 발휘하고 있다. 나아가 21세 때에 진강한 『무교전서』 수성(守城)편에 번주 다카치가는 감동하고, 스스로도 야먀가류 병학을 수련할 것을 결의하였다.

　쇼인에 대한 번주의 은총과 사랑은 생애를 통해 끊어지는 일은 없었다. 또 양부 요시다 다이스케의 문하생으로 쇼인의 후견이었던 야마다 우에몬은 쇼인에게 세계지리서인 『건여도식(乾輿圖識)』을 선물했으며, 번정 중추인 무라타 세이후의 조카로 나가누마류 병학자이며 게다가 양부의 맹우였던 야마다 마타스케(山田又介)를 소개했다. 야마다 마타스케는 나가누마류 병학과 더불어 세계의 대세와 외국 열강들의 위협을 가르치고 국방의 급무를 담당하는 것이 돌아가신 양부의 뜻을 계승하는 효행이라고 설유했다. 우국의 정을 품은 쇼인은 세계 상황과 해방병제를 적극적으로 배웠다. 쇼인이 유파(流派)를 뛰어넘은 폭넓은 병학수업과 세계정세를 시야에 넣은 해상 방위에 진지하게 마주하는 계기를 얻었다.

한편 쇼인은 1846년에는 해외 오랑캐에 관한 초록『외이소설(外夷小說)』, 1849년에는 해상 방위의 요점을 정리한『수륙전략(水陸戰略)』을 저술하고, 번정부의 명령을 받아 하기번국의 북쪽 해안인 기타우라(北浦)를 시찰한 일기『호포기략(廻浦紀略)』을 정리했다. 그리고 해상방위의 실정을 견문하고, 병학자로서의 자질을 향상시키기 위한 국내 유학에 대한 마음을 키웠다. 그는 곧바로 실행에 옮겨 일본의 전국 각지를 주유하며 견문을 넓힌다.

학문적 수행을 위한 전국 주유와 시모다 도해의 감행

쇼인은 1850년부터 4년간 서쪽으론 규슈의 나가사키에서 북쪽으론 동북지방의 끝인 쓰가루까지 일본 전국을 거의 여행하고, 내용을 빠뜨림 없이 기록해두었다. 병학자(兵學者)로서 이 여행은 해외 사정이나 해상 방위의 실전을 배우고, 대응책을 생각하기 위한 것이었다. 그리고 방문하는 지역마다 문무의 저명인사를 만나 절차탁마하여 지식수준을 드높이고 실천에 힘썼다.

나가사키에 유학한 내용을 기록한 최초의 여행기 『서유일기(西遊日記)』의 서문에 "발동의 계기는 주유의 이익"이라 의미 부여하며 유학에 대한 기대감을 감추지 않았다. 규슈 유학에서 쇼인은 나가사키에서 외국선박을 견학하고 중국인의 통역과도 교류했다. 히라도(平戶)에선 하야마 사나이(葉山左內)의 저택에서 아편전쟁을 비롯한 해외 사정에 관한 저서를 비롯하여 근대일본의 설계도라고 일컬어지는 아이자와 세이시사이의 『신론(新論)』이나 왕양명의 학문과 사상을 집대성한 『전습록(傳習錄)』과 같은 대 저서를 접하면서 많은 지식을 습득하였다.

그리고 이러한 서적의 대부분이 에도로부터 온다는 것을 알고는 에도 유학을 생각하게 된다. 한편 규슈 유학의 또 하나의 목적이었던 야마가류 병학(兵學)의 종가인 야마가 반스케(山鹿万介)의 저택도 방문하였지만 흥미를 느끼지 못하고 일정을 앞당겨 돌아오는 길에 구마모토에서 평생의 벗 미야베 데이조(宮部鼎蔵)를 만났다.

이듬해인 1851년 3월, 에도 유학을 실행에 옮긴 쇼인은 왕성한 학습의욕을 보인다. 주자학자인 아사카 곤사이(安積艮齋), 고가 자케이(古賀茶溪), 사쿠마 쇼잔(佐久間象山), 그리고 야마가류 병학의 에도 종가인 야마가 소스이(山鹿素水) 등의 문하를 넘나들면서 중앙학계의 지식을 두루 섭렵했다. 하지만 6월 하순에는 "에도 땅에는 스승이라 할 만한 사람이 없다"고 익우 나카무라 마치타로에게 단언하기도 했다. 하지만 마음이 통하는 젊은 동지도 얻었다. 에도에서 학습한 최대 수확은 국사에 대한 지식이 결핍하다는 자각과 더불어 병학자로서 국방적 견지에서 생생한 천하형세를 알아야만 한다는 문제의식이었다.

그리고 12월에는 미야베 데이조와 함께 동북여행을 결의하고, 미토(水戸)와 아이즈(会津)를 거쳐 호쿠리쿠(北陸)지방을 돌아 북상하여 쓰가루반도까지 4개월 반에 걸쳐 답파했다. 쇼인이 감행한 이 여행에서 미토학을 배우며 국사의 중요성에 개안하고, 쓰가루에선 특히 외국선박의 내항과 방비상황을 시찰하는 등 많은 성과를 얻었다. 하지만 번정 차원을 넘어 붕우와의 신뢰를 우선하며 하기번이 발행하는 여행허가서인 통행증(過書)를 기다리지 못하고 출발한 동북유력(東北遊歷)은 요시다 가문의 폐절과 더불어 무사신분인 사적(士籍) 박탈이라는 엄중한 처분을 받아 한갓 낭인의 신분으로 전락하게 하였다.

쇼인은 이것을 자신이 행한 제1차 용맹한 행동이라 자칭하였지만 부친 유리노스케는 "너는 뜻하는 바가 원대하다. 한 차례 잘못하는 것도 나라에 보답하는 것도 모두 때가 있다"고 위로와 함께 타이르고 있다. 하기로 돌아온 쇼인은 생가에서 근신하면서 여행에서 얻은 과제인 일본역사와 해상방위, 그리고 유교에 관한 지식 탐구에 몰두했다. 이 시기에 처음으로 '쇼인(松陰)'이라는 아호를 사용했다.

한편 하기번정의 기대주를 상실했다고 안타까워하던 번주 모리 다카치카는 부친인 스기 유리노스케에게 쇼인이 10년간 일본 전국을 주유하면서 학문할 수 있는 「10개년 제국유학 청원서」를 서둘러 제출하게 하고, 곧바로 허가하였다. 덕분에 쇼인은 해가 바뀐 1853년 1월에 에도 유학을 다시 결행할 수 있게 된다. 여정에서 오사카와 나라의 고명한 학자를 찾아 배움을 갈구하고 에도에 도착해서는 사쿠마 쇼잔의 문하에 재차 입문했다. 마침 도착 4일째인 6월 4일, 페리(Matthew C. Perry)의 흑선함대가 내항한 것을 알게 된 쇼인은 곧바로 정박 중인 우라가로 향하고, 그 함대의 위용에 놀라 대응책의 필요성을 통감한다.

나라의 근간을 뒤흔드는 사태에 막부는 동요하였으며, 국내에 당황함과 불안감이 확산되었지만, 페리 함대는 재차 내항할 것을 통고하고 퇴거했다. 해외 사정에 밝은 사쿠마 쇼잔(佐久間象山)을 사사하면서 쇼인은 자신의 지침을 정했다. 그리고 낭인의 신분임에도 죽음을 무릅쓰고『장급사언(將及私言)』을 저술하여 상서하고, 대의(大義)에 대해서 "온 천하에 왕토가 아닌 곳이 없고 왕민이 아닌 사람이 없다. 천하는 천조의 천하로 해서, 즉 천하의 천하다. 막부의 사유가 아니다"라고 일본 국체의 독자성을 역설했다. 쇼인은 이것은 제2의 용맹한 행동이라 자칭했다.

그 후 쇼인은 사쿠마 쇼잔의 시사에 의해 외국선박으로 밀항해서 구미제국의 실정을 배울 것을 결심했다. 때마침 러시아 군함이 나가사키에 기항 중임을 알았다. 쇼인은 나가사키로 향하지만 군함은 이미 출항하여 밀항은 이루지 못했다. 1854년 1월 페리가 다시 내항해서 3월에는 일미화친조약(日米和親條約)이 맺어졌다. 쇼인은 재차 밀항을 결의하고 시모다로 달려가 가네코 시게노스케와 함께 심야에 작은 배를 저어가 미국 함선에 도달했지만 페리와의 면회는 허용되지 않고 송환되었다.

뜻하는 바를 이루지 못한 쇼인은 막부직할령 관청에 곧바로 자수했다. 시모다 도해(渡海)의 거사는 병학자 쇼인에게 주체할 수 없는 사명감에 의한 제3의 용맹한 결행이었다. 밀항에 실패한 쇼인은 에도의 덴마초 감옥(伝馬町獄)에 투옥되었다. 막부가 내린 처분은 부친인 스기 유리노스케에게 인도하여 가택 내 칩거라는 가벼운 형벌이었다. 같은 해 9월 쇼인과 가네코 시게노스케는 에도에서 하기로 호송되었다. 하기번은 쇼인을 노야마 감옥에, 가네코 시게노스케는 이와쿠라 감옥에 분리 투옥하였다. 신분 차이에 의한 분류였는데 시게노스케는 이듬해 감옥에서 병사하였다. 쇼인은 생애의 최대 전환기를 맞이하였던 것이다.

노야마 감옥 죄수생활과 학문의 일취월장

1854년 10월 24일 쇼인은 에도 덴마초 감옥에서 하기의 노야마 감옥으로 송환되었다. 야마가류 병학사범으로 혜택받은 환경에서 전력을 쏟으며 생각하는 바대로 달려온 쇼인은 예상하지 않았던 노야마 투옥이라는, 앞으로의 생애를 좌우할 커다란 변화에 당혹감을 감추지 못했다. 수감 중에 저술한 『유수록』에 그 심정이 잘 표현되어 있다.

작년 이래 도모해온 것이 위로는 나라에 대한 충이 되지 못하고 아래는 이름도 없다. 치욕스런 죄수가 되어 사람들이 모두 웃는다. 무사로서 하찮은 재능을 갖고 이 세상을 살아간다. 참으로 슬프다.

하지만 쇼인의 진면목은 이제부터다. 노야마 감옥에 수감 직후 쇼인은 부친으로부터 짧은 편지를 받았다. 국가의 법규를 어긴 국사범인 쇼인에게 할 말이 있으면 조목별로 적어 보내라는 평범한 내용, 즉 조금의 질책도 없는 간단한 세 줄짜리 편지였다. 한편 형인 우메타로는 가족을 대표해서 필요한 물건의 반입이나 편지 연락 등을 하면서 매일같이 감옥에 출입하였다. 쇼인을 배려하는 애정이 넘치는 것이었다. 물론 자상한 모친의 배려도 있었다. 이 같은 가족들의 은총과 사랑을 받으면서 쇼인은 재기를 위한 독서와 사색에 전력을 쏟았다. 여동생들에게 보낸 편지에서도 쇼인의 인간됨을 엿볼 수 있다.

쇼인에게 재기의 첫걸음은 시모다 도해를 반성하면서 『회고록』을 정리하는 일이었다. 세계정세의 전개와 그에 대한 국책의 대요(大要), 출국을 시도한 거사의 근거, 금후 국정의 바람직한 형태, 일본과 동아시아의 국가나 구미제국들과의 관계를 설명하고 과제를 추출해내면서 재기의 발걸음을 전개했다. 이러한 『유수록』과 『회고록』을 집필하면서 인간으로서의 참된 모습과 생활방침을 확인하면서 『사규칠칙(四規

七則)』을 정리하여 조카인 다마키 히코스케의 원복(元服: 성년의식)을 축하하는 선물로 주었는데, 여기에서 쇼인이 지향하는 뜻을 살필 수 있다.

『사규칠칙』은 유교, 특히 『맹자』를 원점으로 해서 작성된 것이다. 내용은 일곱 개 규칙으로 구성되어 있다. 제1칙은 인간의 인간다운 까닭을 "무릇 사람에게는 오륜(五倫)이 있다. 그리고 군신부자는 가장 중요함을 이룬다. 따라서 사람의 사람다운 까닭은 충효를 근본으로 삼는다"고 하고, 제2칙은 일본인으로서 황국의 황국다운 까닭을 알아야 한다면서 "우리의 천하가 존엄한 까닭을 알아야만 한다. 군신일체와 충효일체, 그저 우리나라가 자연히 이룬" 것이라고 한다. 제2칙은 무엇보다 중점적으로 실천하는 중심축이다.

그리고 "무사의 도리는 의(義)보다 큰 것은 없다"라는 제3칙과 "무사의 행실은 실질로서 속임이 없음을 요점"으로 한다는 제4칙은 매일의 실천항목이며, "사람으로서 고금에 통하지 못하고 성현을 스승으로 삼지 않으면 그저 비천한 사람"일 뿐이라는 제5칙과 "스승의 은혜와 벗의 많음에 군자가 근신"한다는 제6칙은 실천을 위한 마음가짐이다. 특히 제7칙은 "죽은 이후에나 멈춘다"는 각오를 명기하고 있다. 마지막으로 실천의 단서를 삼단으로 정리해 "뜻하는 바를 세움으로써 만사의 원천으로 삼는다"를 주축으로 하고,

그것을 위해 벗을 사귀고 독서를 실행해야 한다고 거론하고 있다.

쇼카손주쿠에선 이러한 뜻을 키우는 교육의 실천이 지향되었다. 죄수로서 구속된 몸이 된 쇼인은 자신의 자립이 동일한 감옥에 있는 수인의 자립과 통하는 것이라고 확신하고 구체적인 실천으로써 수인들과의 교류를 시작하였다. 수인들은 쇼인의 열기 넘치는 학습태도에 마음을 빼앗기면서 문답을 시작하였다. 쇼인은 문답의 내용인 입옥의 경위나 시국문제에 대해선 『옥사문답(獄舍問答)』으로 정리했다. 나아가 『복당책(福堂策)』에서 "지식인은 감옥을 바꾸어 복당으로 삼는다"는 문구를 내세우며 같은 수인 중에서 하이카이(俳諧)나 습자가 가능한 사람을 사범으로 삼아 하이카이나 서도를 가르치는 학습을 시작했다.

이어 쇼인은 『맹자』 강의도 개시하였다. 이른바 수인들과 학문적 접촉을 통하여 감옥을 행복을 가져다주는 복당으로 바꾸어 갔다. 옥중에서 학습의욕은 나날이 왕성해졌지만 쇼인은 1년 2개월 만에 출옥하였다. 『노야마 감옥 독서기』에 따르면 쇼인은 이 기간에 618권의 독서를 완료하고 초록을 작성했다고 한다.

쇼카손주쿠의 후학 양성과 일본의 미래 청사진

1855년 12월 쇼인은 노야마 감옥에서 출옥하여 생가에서 유수(留守)하는 몸이 된다. 다다미 3조 반(半)의 유수실에서 기거하였다. 출옥 후 3일째 쇼인은 노야마 감옥에서 수인을 상대로 속행해왔던『맹자』강의를 부친과 형들의 권유를 받아 재개하였다. 이것이 쇼인의 쇼카손주쿠의 기점이 되었다. 이 강의는 1856년 6월 13일 종료하고 그 기록은『강맹여화(講孟餘話)』로 정리되었다.

"길(道)은 곧 높고 아름답고 간략하고 가깝다…"로 시작되는『강맹여화』는 쇼인이『맹자』를 설명하면서 지금 해야만 할 것은 무엇인가를 추구한 기록이다. 쇼인은 "무릇 차기(箚記)를 들추는 제일의 의의는 국체 인륜에 있다"하고 "맹자의 학문은 우선 성선설을 인정하는 것을 근본으로 삼는다"라고 했다. 따라서『맹자』를 배움에는 "성선부터 공부를 시작하여 왕정을 시행하는 대도를 만세에 전한다"라고 기술하였다.

『강맹여화』에는 이 성선설을 기반으로 해서 인생관과 국가관을 비롯해 정치·교육·철학·외교 등에 관한 사상적 기조가 서술되어 있어 쇼인의 사상을 이해하려면 필독해야 할 저서다.

쇼인은『강맹여화』에 대한 비평을 번교인 명륜관의 학두(學頭)였던 야마가타 다이카(山県太華)에 요청하였는데 주요 내용은 모두 부정되었다. 그 심경에 대해서 쇼인은 익우(益友)인 나카무라 미치타로에게 "무릇 내가 정리한 것… 왕을 받들고 오랑캐를 물리치고 국체를 중요시하고 신하의 절개를 격려하고 인재를 육성하는 조목들은 어느 것 하나 다이카 옹에게 인정받지 못했다. 망연자실하고 깜깜하여 전진할 수가 없다…"라며 조언을 구하는 상태였다.

하지만 쇼인은 여기에 기가 죽지 않고 특히 국체에 대해서 군신일체의 "천하는 한 사람의 천하다"라는 명제는 한 걸음도 양보하지 않았다. 쇼인은 부친에게서 배운 존왕정신에 대해 방황함은 없었다. 쇼인이 유교 중에서 성선설의 맹자를 특별히 거론한 것은 스기 가문에서의 인간형성에 있다고 말할 수 있다. 즉 장애자인 남동생 도시사부로를 비롯해 사도 광산의 인부와 아이누의 사람들, 감옥의 간수나 수인, 심지어 여성에게 평등하게 대하는 쇼인의 태도에는 오늘날까지도 통하는 인권 감각이 있었다.

쇼인은 출옥 후 노야마 감옥에서 같이 수감생활을 했던 사람들의 석방을 번국정부에 손을 써서 성공했다. 또 당시 최고의 효행이라고 여겨지는 부모형제의 원수를 갚는 복수를 20년에 걸쳐서 완수한 피차별 부락의 여성이 번정부로부터 표창받은 것에 쇼인은 크게 감동해서『토적시말(討賊始末)』을 집필하고 그 현창에 전력을 쏟아, 마침내 평민으로 상승시키는 것에도 성공했다. 그리고 근신처분인 신분의 삶의 방식으로『칠생설(七生說)』(병진유실문고 수록)을 제시하며 자신에게 부과된 사명을 어떻게 감당해야 할 것인가를 명확히 했다.

그 후 유수실에선『무교전서(武敎全書)』의 강의가 명륜관의 병학문하생들도 참가하는 형태로 계속되고 소문을 들은 근린의 청년들도 참가하게 되었다. 세간에선 나라의 법규를 위반한 죄인인 쇼인에게 배우는 것을 강하게 경고하고 있었지만 전국을 유학한 쇼인에게 배우러 오는 젊은이가 늘어나고 있었다. 거기는 신분의 상하나 학문의 깊고 얕음을 묻지 않고 누구라도 함께 배우는 장소였으며 쇼인의 모친인 다키(滝)의 마음속에서 우러나는 가족적인 따뜻한 대응도 한몫을 하고 있었다. 또 이러한 의욕이 있는 젊은이들이 자라고 있었던 당시의 하기번의 교육지반의 존재는 무시할 수가 없다.

1856년 쇼인은 교육에 관한 생각을『쇼카손주쿠기(松下村塾記)』에 기술하였다. 마을 사숙인 쇼카손주쿠의 교육은 "학문은 사람다운 까닭을 배우는 것"을 기반으로 하였다. 그것은 인간으로서 또 일본인으로서의 근사함을 배우고, 자신의 존재가치를 자각하고 자신이 목표한 인간상을 의지로써

인재의 산실 쇼카손주쿠 모습.
요시다 쇼인은 여기서 메이지유신의 주역들을 길러냈다.

실천하고 자기를 확립해가는 것이었다. 쇼인은 "맹자가 사람을 가르침에 시종 사람의 성선설을 인용하여 상기시키는 것을 주로 하였다"고 기술하고 있다(『강맹여화』「등문공 상」제5장).

쇼카손주쿠에선 우선 마쓰모토 마을의 인간으로서의 자각을 촉구하고, 마쓰모토 마을을 기점으로 하여 하기를 고양시키고, 나아가 하기에서 천하를 고양시키는 과정을 거쳐 마침내 일본인으로서의 자각을 드높이려고 하였다. 지금 살아가는 현재의 구체적인 과제를 탐구하면서 그것을 의지로써 관통시키는 의욕이 있는 인간 육성을 지향하였다. 구체적인 과제라 함은 『사규칠칙』의 제1칙에 해당한다. 그것의 실천을 위해 개성을 존중하는 교육과 마음을 상통하게 하여 함께 격려할 수 있는 교육을 강력하게 전개하여 단순한 지식으로서의 학문이 아니라 시대에 연계되는 살아 있는 학문의 실천으로 쇼카손주쿠 학생들의 영혼을 흔들었다.

쇼인의 강의를 받는 학생이 늘어나고 3조 반 다다미의 유수실로는 장소가 비좁아 1857년 11월 스기가의 부지 안에 있는 작은 건물에 다다미가 8조인 강의실을 마련하였다. 쇼인은 유수실에서 이쪽으로 자리를 옮겨 강의를 하였다. 그후에도 쇼카손주쿠의 학생은 급증하였기 때문에 1858년 3월, 다다미 10조 반의 강의실과 토방을 새롭게 확장하였는데, 그 공사는 학생들의 손을 빌린 것이었다. 그 과정에서 학생들은 서로 교류하고 상부상조하고 노역봉사를 실천하며 학습의욕을 비약시켰다.

재차 투옥과 권력투쟁에 휘말린 순난(殉難)

1857년 미국은 일미수호통상조약을 막부에 요구하며 압박했다. 이런 대응에 위기감을 품은 쇼인은 정보의 중요성을 감지하고 예의 관찰할 것을 번정부에 주장하는 한편 그것을 위해 주요 학생들에게 여행을 떠나게 했다. 뿐만 아니라 쇼인은 자기의 의견서를 번주와 조정에 차례로 상신하였다. 그 첫 번째 상서는 1858년 1월 하기번의 개혁에 관한 『광부의 말씀(狂夫之言)』이었다. 이어서 『대책일도』『우론』『속우론』을 집필하면서 서서히 구체적인 방책을 진언하기에 이른다. 같은 해 6월 번주 모리 다카치카는 번사들의 의견 서류를 살피다가 쇼인의 『광부의 말씀』을 발견하곤 이후 쇼인의 상서나 건언을 허용하였다. 이보다 앞서 쇼인은 『대책일도』와 『우론』을 교토의 야나가와 세이간(梁川星巖)에 보냈는데 후일 공가(公家)를 통해서 고메이(孝明) 천황에게까지 전달되었다고 한다.

같은 해 6월 일미수호통상조약을 반대하는 칙유를 무시하고 막부는 조약을 조인했다. 쇼인이 7월에 쓴 『대의를 논의한다』는 쇼인의 지론인 막부를 간언하는 입장에서 막부를 치는 토막(討幕)의 격렬한 논조로 변화하였고, 그의 행동은 과격함을 더해갔다. 쇼인이 인간을 사랑하고 나라를 사랑하는 의지는 존왕양이(尊王攘夷)의 실천 활동으로 전개되었다. 같은 해 11월 29일 존왕양이 활동의 일환으로 로주 마나베 아키카쓰의 요격을 꾀한 결과로 엄격한 죄수관리와 함께 엄명이 내려져 쇼카손주쿠는 폐쇄되었다.

쇼인이 쇼카손주쿠에서 제대로 가르친 것은 불과 1년 1개월이라는 짧은 기간이었다. 쇼인은 12월 26일에 노야마 감옥에 다시 투옥되는 신세가 되었다. 쇼인은 손주쿠 학생들에게 「손주쿠의 벽에 남길 주제」라는 제목을 붙인 다음 "마쓰시다는 비록 누추한 마을이지만 맹세코 말하길 신국의 근간이 될 것"이라는 미래지향적인 기록을 남겼다. 때마침 병상에 있었던 부친 유리노스케는 "일시적 굴복은 만세의 신장이다. 감옥에 들어간다 해서 어찌 아파할 뿐인가"라고 석별의 말을 고했다.

쇼인이 추진했던 막부 각료 로주 마나베 아키카쓰 요격책은 쇼카손주쿠의 문하생들까지 시기상조라고 간언하며 말렸다. 이에 쇼인은 "나는 충의를 다할 생각이지만 벗들은 공업(功業)만을 행할 셈인가"라며 반발했다. 그리고 1859년 1월 24일 음식을 끊고 자신이 다하는 성의의 성공 여부를 증명해보려고 했다. 가족들은 염려하며 만류했다.

이런 가족의 만류와 함께 요격책과 관련하여 근신 처분을 받았던 문하생들에 대한 해제사면이 이루어지자 쇼인도 절식을 그만두었다.

같은 해 2월 쇼인은 마에바라 잇세이 앞으로 보낸 편지에 "우리 하기번국의 모양을 살펴보면 재관재록의 관리계층에서 참된 충효(眞忠眞孝)라고 말할 수 있는 인사는 없다. 심상의 충효를 행할 셈이라면 괜찮다. 하지만 참된 충효를 지향할 마음이 있다면 한 번쯤은 망명해서 초망굴기를 도모하지 않으면 안 될 것"이라며 참된 충효가 가능한 것은 재관재록의 관리들이 아니라 재야에 묻혀 있는 초망지사들임을 강조하였다. 이런 상황에서 후시미 요가책을 계획하지만 이것도 좌절한다. 쇼인은 죽음으로 보답할 것을 모색했다. 같은 해 4월 쇼인은 노무라 와사쿠에게 보낸 편지에 다음과 같이 적어 보냈다.

이 길(道)은 지극히 커다랗다. 굶어죽는 아사, 간언하다 죽는 간사, 혈기 넘쳐 죽는 익사, 누군가에 의해 죽음을 당하는 주사는 모두 묘하다. 물러나 일생을 훔치는 것도 또한 묘하다. 한 번 죽는다는 것은 실로 어렵다. 그렇긴 하지만 일생의 삶을 훔치는 것은 더욱 어려움에 버금가는 것임을 비로소 깨달을 것이다. 실로 초망(草莽: 초야)의 사람이 내건 제안이다. …시대추세야말로 어찌 되든 쇼인은 굴기의 사람이다. 석방되면 쇼인은 혼자서라도 거사를 치를 것이라 하면 막된 행동처럼 보일지 모르지만 그것은 의지(志)다.

쇼인은 대의(義)를 안다. 시기를 기다리는 사람이 아니다. 초망굴기, 어찌 타인의 힘을 빌린단 말인가? 황송하게도 천조도 막부도 우리 하기번도 필요가 없다. 지금은 6척의 작은 체구를 사용할 뿐이다. 그럴지라도 쇼인이 어찌 대의에 지는 사람이 될 것인가? 안심하시오 안심을….

교토의 조정과 에도의 막부와 하기의 조슈번도 존왕양이의 주체가 아니라 초망인사가 주체이며 쇼인 자신이 초망이라고 단언했던 것이다. 이러한 쇼인의 발자취는 중국 명대의 양명학파 이탁오(李卓吾)의 『분서(焚書)』에 촉발되어 막번 체제의 틀을 넘어 그 속박으로부터 벗어났다. 쇼인이 지향했던 인간으로서 일본인으로서의 원점에 섰다. 그리고 "타인의 평가는 어찌 되었든 자연스럽게 결정했다. 죽음을 구하지도 않고 죽음을 사양하지도 않고…" 하는 자연설에 도달하였다.

에도 막부로부터 쇼인을 에도로 호송하라는 명령이 1859년 5월 24일 내려왔다. 쇼인은 존왕양이의 대의를 역설하여 막부 정치의 전환을 촉구할 절호의 기회라고 생각했다. 다음 날 5월 25일 포승줄에 묶인 쇼인은 그물망이 쳐진 죄수용 가마에 실려 에도에 호송되었다.

그리고 7월 쇼인은 "지성으로서 움직이지 않는 것은 아직껏 없었다"라는 신념에 따라 국가를 염려하고 막부의 나아가야 할 길을 진술하였는데, 그 과정에서 오하라 시게노리의 서하책과 로주 마나베 아키카쓰의 요격책 등에 관한 자기 의견을 피력하였다.

하지만 10월 6일 막부 관리가 낭독해준 자백서를 들고 죽음을 각오해야만 했다. 1859년 10월 20일 쇼인이 가족에게 보낸 영결의 서간은 "평생의 학문은 천박하고, 지성은 천지를 감각시키질 못하고, 비상의 변고에 이르렀다. 매우 비탄해 마지않을 것이라 미루어 살필 수가 있다. 어버이를 생각하는 마음보다 나은 어버이의 마음. 오늘 찾아뵈면 무엇을 들을 수 있을까"라는 문장으로 시작된다. 죽음을 앞에 두고 부모를 비롯한 가족에 대해서 자신의 성의 부족을 책망하고 아주 맑아진 인간의 지정(至情)이 씌어 있다.

또 그동안 교유했던 벗들에게 보냈다는 『어제우서(語諸友書)』에 다음과 같이 적었다.

평생의 마음속에 담아둔 일을 벗들에게 얘기하니 남겨진 부족함은 더는 없다. 여러 벗은 특히 나의 뜻하는 바를 안다. 그러므로 나를 불쌍히 여기지 말라. 나를 안다면 나의 뜻을 펼쳐서 이것을 증대시키는 것에 버금가는 것은 없다.

10월 26일에 죽음을 눈앞에 둔 쇼인의 경지를 문하생들에게 가탁한 『유혼록(留魂錄)』은 "일신은 비록 무사시의 들판에서 썩을지언정 남겨두고픈 야마토 다마시이(大和魂)…"라는 문구로 시작한다. 다음 날인 10월 27일 쇼인은 도쿠가와 막부의 평정소에 불려나가 사형 판결을 언도받았고, 곧바로 덴마초 감옥의 사형대에서 처형되었다.

요시다 쇼인은 변화무쌍하게 전환되는 막부 말기에 유학과 병학을 배우고, 가직인 병학자로서뿐만 아니라 동점(東漸)하는 구미열강의 무위(武威) 앞에 독립국가 일본의 보전을 위해 다양한 의견을 제시하고 그것의 실천을 주창하고 일본인이라는 원점에서 어떻게 살아가야만 할 것인가를 목숨 걸고 모색한 인물이다. 그 과정에서 겪어야만 했던 수많은 좌절을 극복하면서 그 의지를 관통한 사람이었다. 그의 뜻은 『유혼록』을 비롯한 기록 자료를 통해서 문하생들에 의해 계승되어 존왕양이라는 정치운동으로 메이지유신을 태동하는 추진력으로 작용한다.

이상과 같이 신격화된 요시다 쇼인의 초상은 쇼인신사의 학예고문인 마쓰다 데루오(松田輝夫)가 현창한 요시다 쇼인의 전기를 번역하면서 재구성한 것이다. 마쓰다는 자랑스러운 일본인으로서 쇼인의 일생을 부감(俯瞰)하면서 그는 쇼인이 병학사범의 자질을 갖추기 위해 『맹자』를 비롯한 유학 경전을 섭렵한 사실과 그렇게 섭렵한 학문이 사람이 사람다운 까닭을 배우기 위함이라 설파하였다. 이른바 동북아시아 중화문화권의 보편적인 유학사상의 장점을 구체적으로 논증하는 형태도 제시하였다. 그 속에서 금수와 구별된다는 인간의 오륜덕목의 현창과 민족국가로서의 일본의 장래를 염려한 쇼인이 『맹자』에서 유래하는 "지성(至誠)으로서 움직이지 않는 것은 아직껏 없었다"라는 문구를 특징으로 크게 부각시켰다.

나아가 서양세력이 밀려오는 외세동점과 이들의 무력 앞에 개국한 일본이 걷잡을 수 없이 요동치는 상황에서 황국에서 태어난 일본인은 일본국이 황국다운 까닭을 깨달아야 독립국가로서 유지된다고 설파하였는데, 그것이 정치운동으로 현상화된 것이 막부 말기의 존왕양이운동이며 나아가 메이지유신에 의한 근대천황제 국가라는 설명이다.

뿐만 아니라 쇼인이 1858년 이후 구미열강과 수호통상조약의 체결을 전후로 제시한 정견들이 당시 일본왕조의 수장인 고메이 천황에게 전달되었다는 것과 그 감격을 쇼인이 "일개의 초망에 불과한 자신이 성천자의 수지(垂知)를 받들었다. 무슨 영광을 이것에 더할 것인가? 자식의 죽음이 어찌 끝이겠는가"라고 부모형제에게 보낸 편지에서 결의를 보였다고 소개하였다.

더불어 "그 이전 번주의 은명을 입은 쇼인에게 지금은 어떠한 박해나 냉정한 평가도 의식할 필요는 없어졌다"라는 투사적인 평가도 덧붙였다. 환언하면 하기번국의 번사로서 번주의 은총은 물론 도쿠가와 막부의 어떤 박해에도 굳힘이 없는 쇼인의 모습이다. 그다음에 준비된 것이 쇼인의 사생관에 관한 것이다.

쇼인 30세에 춘하추동의 사계절이 운행하여 완전하듯이 쇼인의 짧은 인생도 완비되었고, 그 나름대로 우수한 결실을 맺었다. 쭉정이 쌀이나 좁쌀은 내가 아는 바가 아니다. 만일 동지들의 인사 중에서 그런 작은 슬픔을 가련히 여기고 이어받을 사람이 있다면 훗날의 종자도 아직 끊어지지 않았고, 스스로 벼농사의 오랜 역사에 부끄럽지 않을 것이다. 동지들이여 이것저것을 생각해봐요.

이른바 생사를 초월하여 국가보전에 헌신한 요시다 쇼인의 초상이 거기에 있었다. 그 배경에 사후의 요시다 쇼인을 인격신으로 승화시킨 쇼인신사와 쇼몬신사의 근대적 역사 여정이 있었다.

제2장 요시다 쇼인의 주요 사상과
선행연구와의 괴리

불굴의 영혼으로 남은 『유혼록』과 후기 미토학의 상관성

처형되기 전날인 1859년 10월 26일 쇼인은 『유혼록』이라는 서간문을 작성했다. 서간은 "일신은 비록 무사시의 들판에서 썩을지언정 남겨두고픈 야마토 다마시이…"라는 일본 전통의 정형시[和歌]로 시작한다. 그 의미는 타의에 따라 에도에서 처형되어 그 신체는 소멸된다 할지라도 일본인으로서의 영혼은 이 세상에 머물러 뜻하는 바를 성취하고 싶다는 장절한 집념을 피력한 노래다. 이른바 일생을 마감하면서 최후에 남긴 자필유서다.

쇼인의 죽음을 전후해서 일본역사는 대전환기에 돌입한다. 그동안 비교적 안정된 봉건사회를 유지했던 쇄국 체제를 포기하고 구미열강에 문호를 개방한 도쿠가와 막부의 문명개화 정책은 정치적 수장인 쇼군의 계승을 둘러싼 정쟁과 맞물리면서 걷잡을 수 없는 소용돌이에 휘말린다.

특히 획기적인 변화는 국가의 주요정책을 수행함에 다양한 의견을 수렴하여 국론을 결정하는 언론 통로를 개설한 것이다. 1853년 6월 페리 제독이 이끄는 아메리카함대가 내항하자 막부의 정책결정 책임자인 아베 마사히로(阿部正弘)는 선례를 깨고 페리 내항과 아메리카 대통령의 국서에 대해 조정의 천황에 보고하고, 지배계층인 다이묘나 막부 가신들에게 국서 회답에 대한 의견을 제출하게 하였다.

이 조치는 천황의 정치력을 현실정치의 무대로 끌어내 그 권위를 높여준 결과를 낳았으며, 막번체제 아래 중앙정부인 막부의 국가정책에 방관하던 전국 다이묘들에게 막부 정치에 대해 발언할 기회를 부여한 것이 되었다. 그 결과는 막부의 전제적인 정치운영을 거국적인 공론체제로 전환하는 계기가 되었으며 실제로 사쓰마번의 시마즈 나리아키라나 미토번의 도쿠가와 나리아키 등과 같은 지방영국의 번주가 중앙의 막부 정치에 관여하는 결과를 낳았다. 뿐만 아니라 번국 차원에서 번주를 보좌하던 지방의 정치가와 지식인들이 번주에 상신하는 형태로 국가대사를 논단하는 정견을 피력하기에 이르렀다.

이와 같은 에도 막부 말기의 공론체제의 언론통로를 확인할 수 있는 역사적인 자료로서 요시다 쇼인의『유혼록』은 커다란 의미를 갖는다. 요컨대 봉토를 매개로 한 봉건사회에서 봉토를 지급받지 못한 반사반농의 하급무사 출신의 쇼인이 일본국을 위해 국가차원의 대외정책의 방향을 제시하고, 자기 의견과 다른 막부 정치를 비판했다는 것과 그 결과로 자기가 일생을 마무리해야만 했던 상황을 문하생들을 비롯한 동지들에게 전달하고자 작성한 것이 바로『유혼록』이다. 그 내용은 크게 자기가 막부 권력에 의해 죽음에 이르게 된 과정과 원인에 대해 설명한 전반부와 막부 관리와 대결을 포기하고 죽음을 담담하게 맞이하는 심정을 피력한 후에 자신의 뜻을 정치사상으로 성취해줄 동지를 취합하는 후반부로 구성되어 있다.

쇼인은 우선 죽음을 눈앞에 둔 심정을 중국역사상 비극적 삶을 마감했지만 후일 충신이라는 역사적 평가를 받는 조나라 관고(貫高)와 초나라 굴평(屈平)에 비유함으로 죽음에 대한 각오를 밝힌 다음, 정성 '성(誠)'이라는 글자를 항상 염두에 두고 출소진퇴를 명확히 했음을 강조했는데 그 열의는

"지성으로서 움직이지 않는 것은 아직껏 없었다"는 말을 손수건에 새겨 다닐 정도로 대단했다. 하지만 "작년부터 천황의 조정과 쇼군의 막부는 공축하게도 상호 간에 성의(誠意)가 통하지 않는 곳이 있다. 따라서 내가 무엇인가를 열심히 하면 막부 관리도 나의 의견에 따라줄 것이라고 생각하게 되었다. 하지만 아무 성과를 이루지 못한 채 죽음을 맞이해야만 할 시점까지 이르렀다. 이리 된 것도 또한 나의 덕이 엷은 탓이니 누구를 책망하고 원망할 수 있으랴?" 하며 체념하기에 이르렀다. 이렇게 생사를 초월한 경지에서 작성된 것이 자신이 사형수가 된 전말이다.

국사범으로 5월 24일 에도에 송환된 쇼인은 7월 9일, 9월 5일, 10월 5일에 세 차례의 심문을 받았다. 10월 16일 자백서(口書)에 날인을 강요받고 10월 27일 사형언도와 더불어 곧바로 처형되었다. 그의 처형의 주된 사유는 막부 관료인 마나베 아키카쓰의 요격에 관한 구체적인 실행계획과 비천한 신분으로 멋대로 국가대사를 논의한 것은 불경(悖德)이라는 죄명이다. 이와 같은 막부 처분에 쇼인은 분개했다.

아아! 막부는 학문이 없는 사람이나 관위가 없는 사람은 국가를 염려하는 것조차 허용하지 않는 것인가? …오늘 쇼인은 간악한 권력을 위해 죽임을 당하게 되었다. 천지신명의 맑은

거울이 위에서 비추고 있다. …16일의 자백서는 물론 세 봉행의 간악한 사기극이 나를 사죄로 빠뜨리기 위해 도모됐다는 것을 알고 나서부터는 더 이상 살고 싶다는 기분도 없어졌다.

이상과 같은 격앙된 심정은 막부 관리들의 일처리에 대한 비판으로 전개된다. 심문 과정에 쇼인은 "아메리카 사절의 응대나 항해웅략 등과 같은 구체적인 대책을 피력했지만 그것들에 대한 문구는 하나도 없이, 부분적 개항 후에 국력이 충실해지면 그때 가서 쫓아내면 된다는 정도의 내용만이 기술된 것으로 나머지는 나의 마음에도 없는 바보스런 논의"가 적혀 있다는 것이 자백서에 대한 그의 인식이다. 그것은 또한 "1854년 페리 함대에 승선하여 해외도항을 시도한 죄를 문책당한 자백서와 비교해도 구름과 진흙만큼이나 커다란 차이가 있는 것"이었다. 왜 이런 차이가 난 것일까? 그 실상은 이렇다.

7월 9일, 에도 평정소의 호출을 받고 출두한 쇼인에 대한 심문은 두 가지 혐의 때문이다. 첫째는 안세이대옥(安政大獄)으로 투옥되어 옥사한 존왕양이론자 우메다 운빈이 하기를 방문했을 때 그와 접촉해서 무엇을 모의했는가이다. 둘째는 교토 시중의 게시판에 붙은 벽보[落文]의 글씨가 쇼인의 서체와 비슷하다는 운빈의 증언이 맞는가다. 쇼인은 두 가지 혐의 중 전자에 대해 "운빈은 뜻을 같이하는 동지가 아니다", 후자에 대해선 "태생부터 공명정대한 나는 벽보 같은 하찮은 것은 그 자체를 인정하지 않는다"라고 담백하게 부정함으로 혐의에서 풀려났다.

문제는 그다음이다. 쇼인은 시모다 도해(渡海) 실패 이후 6년째 죄수 신분을 면치 못하는 자신의 처지를 한탄하고, 지식인으로서 국가를 걱정하는 정치적 견해를 피력하고 정치활동의 정당성을 주창한 것이 화근이었다. 즉 그는 하기의 노야마 감옥에 재차 투옥된 수인의 몸으로 문하생과 도모했던 정치적인 활동, 즉 공가인 오하라 시게노리를 하기에 초청하는 오하라 서하책과 안세이대옥을 교토에서 진두지휘하는 막부노중 마나베 아키카쓰를 요격할 것을 도모했던 정치적 활동을 스스로 밝히는 우를 범하였다.

바꿔 말하면 지방 번국 차원의 안녕을 위해 국가 차원의 정치활동을 기도하는 번사인 요시다 쇼인을 투옥한 하기번정의 한계성을 중앙정부인 도쿠가와 막부의 고위 관료들에게 토로하고 자신이 추구하는 정치사상과 정치활동의 정당성을 하소연한 사건이 문제가 되었다. 쇼인은 자기의 정치사상이 정리되어 하기번정에 제출되었다는 사실도 『유혼록』에서 지적하고 있다.

하지만 막부 관리들은 동의하지 않았다. 즉 그 후자가 빌미가 되어 쇼인은 덴마초 감옥에 투옥되었던 것이다. 그 과정에서 자아도취 형태로 막부가 조정의 반대에도 불구하고 구미열강과 수호통상조약을 체결한 것을 비판하고 현재 막부가 취해야만 할 최선책이 무엇인가를 나름대로 역설한 쇼인은 "비천한 신분이면서 국가대사를 논의하는 불경"이라고 문책을 받아야만 했다.

이에 쇼인은 막부 정치의 결함을 근본부터 비판했던 사쓰마번의 변사 구사카베 이산지(日下部伊三次)를 사례로 들면서 "이와 같은 상황이라면 앞으로 3년이나 5년이라는 짧은 기간조차 무사함을 보증하기 어려울 것"이라 반박하여 심문하는 취조관을 격노하게 만들었고, 여기에다 "이것으로 사죄(死罪)에 처해지는 것이라도 후회는 없다"라고 항변했다고 한다.

요컨대 변방인 하기번국의 하급무사인 쇼인이 중앙정부인 막부에서 정치범을 단속하고 심문하는 고위관료와 정치상의 방법론을 둘러싸고 갑론을박하는 토론을 전개한 끝에 막부 관리의 "불경" 추궁과 쇼인의 "사죄" 각오가 대비되는 사건으로 결말이 났던 것이다. 그 결과는 10월 16일 쇼인이 날인한 자백서(口上書)에 나타났다. 마나베에 요청한 "간언이 성사되지 못할 경우에는 칼싸움에 의한 자진을, 만약 경호하는 자가 막아 접근하지 못할 경우에는 칼을 휘둘러 베어버리고 이것을 거행한다"라는 문구에 의해 쇼인은 사형수로 결정되었다.

이 결정에 쇼인은 "자신은 결코 하지 않은 바이다. 그럼에도 세 봉행은 이 일을 억지로 써넣고 나를 속여서 승인하게 하려 한다. 속아서 승인하는 것을 나는 절대 하지 않을 것"이라 맞섰고, 그렇게 맞서 싸운 것은 "봉행들이 강권을 이용한 거짓 모략에 굴복하지 않기 위함"이라고 강조했다. 요컨대 거짓 자백의 날조라는 것이다. 하지만 그것에 순응한 것도 바로 쇼인이다.

이상과 같은 전반부의 짧은 글에서 쇼인은 "나는 일개 죽음을 아쉬워하는 것이 아니다" "이 한 몸의 죽음에 무엇을 아쉬워할 것인가?"를 강조하면서 강인한 자신의 정치사상을 피력하였고, "죽음을 결심하고 간언하는 것"이 이상적인 정치행동이라고 촉구하였다. 그가 이번 일로 "처음부터 살기 위한 궁리도 하지 않았으며 죽음을 필연이라고도 생각하지 않았다. 그저 성심성의(誠)가 통할지 말지는 하늘이 지시하는 천명에 맡기는 것"이라는 위안과 더불어 9월 5일과 10월 5일의 관대했던 심문정황을 근거로 삶에 대한 희망의 불씨를 피우고 있었던 것도 엿볼 수가 있다.

다만 그런 희망이 10월 16일 자백서 날인 이후 "모든 것이 파탄이 난 상황으로 그저 죽음을 서두르는 기분에 휩싸였고 그것 또한 평소에 자신이 쌓은 학문에서 얻은 힘이 그렇게 시켰다"고 매듭지었다. 그런 다음에 준비된 것이 죽음을 초월한 생사관이다. 이는 죽음을 목전에 두고 그가 다진 각오와 최후의 사색이 집약되어 있는 명문으로『유혼록』의 백미라 일컬어졌다. 그것은 인생을 춘하추동과 곡물의 수확에 비유한 형이상학적 인생론이다. 그 내용은 다음과 같다.

오늘 죽음을 각오한 내가 마음이 평안한 것은 사계절의 순환을 생각하는 것에 기인한다. 곡물은 봄에 씨를 뿌리고 여름에 묘목을 심고 가을에 거두어들이고 겨울에 저장한다. 가을이 되고 겨울이 되면 사람들이 그 수확을 기뻐하고 술을 만들어 온 마을이 환희에 넘친다. 나는 올해 30세가 되었다. 한 가지 일도 이룬 것 없이 죽는 것은 곡물이 결실하지 못한 것과 닮아 아쉽다 할 수 있다.

하지만 나의 경우에 입각해보면 지금이 개화결실의 시기이며 아무것도 슬퍼할 것은 없다. 사람의 수명은 정해져 있지 않고 반드시 사계절이 순환하는 농사와는 다르기 때문이다. 10세에 죽은 사람은 10세 중에 사계절이 있고 20세라면 20세 중에 사계절이 있다. 50세, 100세도 같은 모양이다.

이미 30세인 나에겐 이미 사계절이 갖추어져 있고 꽃을 피우고 열매를 맺고 있을 터이다. 그것이 그저 보잘것없는 쭉정인가 과실인가는 내가 알 바가 아니다. 혹시 뜻을 같이하는 지사가 나의 진심을 가엾이 여겨 계승해준다면 그것은 종자가 끊이지 않고 계승되어 수확의 나이에 부끄럽지 않은 것이 될 것이다. 동지는 이것을 잘 생각해주길 바란다.

쇼인이 염원한 대로 『유혼록』의 종자는 뿌려졌다. 실제로 그 종자는 문하생들의 정치활동에 의해 일본역사를 전환시킨 원동력으로 실체화되었다. 쇼인이 『유혼록』의 말미에서 특별히 언급한 구사카 겐즈이(久坂玄瑞), 이리에 구이치(入江九一)와 다카스기 신사쿠(高杉晉作), 나카타니 쇼스케(中谷正亮), 이이다 쇼하쿠(飯田正伯), 구보 세이타로(久保淸太郎), 오다무라 이노스케(小田村伊之助: 후에 가토리 모토히코楫取素彦로 개명), 오데라 신노죠(尾寺新之丞), 이토 리스케(伊藤利助: 후에 히로부미博文로 개명)와 이리에 와사쿠(入江和作, 후에 노무라 야스시野村靖) 등이 그들이다.

쇼인 문하에는 '사천왕'이라 일컬어지는 4명의 제자들이 있다. 쇼인의 사후 이들은 하기번국에서 전개된 존왕양이운동의 중추적 역할을 담당하였다. 구사카 겐즈이와 이리에 구이치는 또 한 명의 제자인 요시다 도시마로와 더불어

1864년 존왕양이를 실행하던 중에 교토에서 20대 중반에 생을 마감했다. 다카스기 신사쿠는 존왕양이 정책을 포기하고 공무합체를 추진하는 도쿠가와 막부에 추종하던 보수정권에 대항해 기병대를 동원한 쿠데타를 일으켜 정권을 탈취하였다. 그리고 제2차 조슈정벌에 나선 막부군을 격퇴하여 향후 에도 막부를 토벌하는 토대를 다지다가 1866년 29세로 병사했다. 이른바 '사천왕'이라 일컬어진 수제자들이 스승인 쇼인의 유훈을 받들어 생사를 돌보지 않고 존왕양이운동에 매진하다 모두 20대에 산화했던 것이다.

또 쇼인의 맹우이며 논쟁 상대였던 나카타니 쇼스케는 35세에 병사했고, 처형된 쇼인의 유해를 이토 히로부미와 키도 다카요시와 더불어 찾아 안장한 이이다 쇼하쿠도 군자금 마련을 위한 금품을 강탈한 죄로 막부에 체포되어 감옥에서 38세에 병사했다. 우연히도 둘은 1862년에 함께 생을 마감했다. 그 밖에 이세신궁의 신직으로서 메이지정부의 교도직을 수행했던 오데라를 제외하면 구보, 오타무라, 이토, 노무라 등은 근대국가 일본의 국가 관료로 재직하여 일본정치사에 족적을 남겼다. 특히 근대일본의 입헌군주국 체제를 확립시킨 이토는 노무라와 더불어 1907년에 추진된 하기의 쇼인신사 건립 추진에 깊이 관여하면서 쇼인의 신격화 작업에도 동분서주했다.

그러면 문하생들에게 가탁한 요시다 쇼인의 유훈은 무엇이었을까?『유혼록』에 따르면 그것은 도쿠가와 나리아키(德川齊昭)가 주도하는 미토번국의 정치사상과 정치운동에 동참할 것을 주창한 것이었다. 페리 내항과 대책 강구의 일환으로 개설된 공론체제에 참여하여 발언권을 높인 나리아키는 미토번의 정치사상인 양이론(攘夷論)을 주창하였다. 거기에 13대 쇼군 도쿠가와 이에사다의 후사 문제가 불거지면서 난기파(南紀派)인 요시토미(慶福)를 옹립한 이이 나오스케를 비롯한 막부 각료들에 대항하여 나리아키는 자신의 아들인 히토쓰바시파 요시노부(慶喜)를 옹립하면서 첨예한 대립각을 세우면서 정쟁을 펼치게 되었다.

그런 와중에 떠오른 정치적 안건이 구미열강과의 수호통상조약 체결이었다. 조정과 미토번의 연계 속에 천황의 칙허를 얻지 못한 막부는 독단으로 조약을 체결하였고 게다가 제14대 쇼군에 요시토미가 취임한다. 여기에 나리아키를 비롯한 히토쓰바시파가 에도성에 무단 등성하여 이이 나오스케의 정책을 힐문하는 사건이 벌어진다. 이에 대항하여 막부가 강권적 수단을 동원하여 반대파를 제압한 정책이 안세이 대옥이다.

하지만 그것으로 끝나지 않았다. 미토번과 막부의 정치적 알력은 1858년 9월 천황이 미토번에 막부 정치를 개혁할 것을 명령한 '무오밀칙'이 내려진 것에 격분한 이이 나오스케가 1859년 나리아키에게 영구 칩거를 명령하여 사실상의 정치생명을 단절시키는 강권정치를 단행했지만, 그 나오스케가 이듬해인 1860년 3월 사쿠라다문 밖에서 미토번 출신의 낭인들에 의해 암살되는 사건이 발생했다.

이후 막부 말기 정치권력은 급격히 약화되면서 막번체제의 붕괴는 눈앞으로 다가온다. 여기서 주목할 것은 『유혼록』에서 쇼인이 문하생들에게 가탁한 정치사상의 내용과 실천방안이 미토학적 존왕양이론의 복사물과 같이 흡사하다는 점이다. 이하 그 내용을 살펴보자.

쇼인은 당대에 존왕양이를 행동으로 실천하는 다섯 명을 바람직한 지식인으로 추천하며 상기한 문하생들에게 교류할 것을 강력히 권장했다. 미토번의 번사 호리에 가쓰노스케(堀江克之助)와 아유사와 이다유(鮎沢伊太夫), 교토 공가의 측근인 고바야시 요시스케(小林良典), 다카마쓰번의 번사 하세가와 소우에몬(長谷川宗右衛門), 에치젠번의 번사인 하시모토 사나이(橋本左内)가 그들이다. 호리에, 아유사와, 하세가와는 나리아키의 존왕양이사상의 추종자로 안세이대옥에 연루되었으나 막부 말기의 혼란 정국을 헤쳐내고 왕정복고와 메이지유신을 목도한 인물이다. 한편 고바야시는 천황의 조정이 미토번에 내린 '무오밀칙'의 관련자로 안세이대옥에 관련되어 쇼인이 처형된 그해 11월 19일 덴마초 감옥에서 옥사하였으며, 쇼군후사 문제에서 히토쓰바시파에 가담한 에치젠번의 번의(藩醫)출신인 하시모토 사나이는 안세이대옥에 관련되어 이미 10월 7일 덴마초 감옥에서 참수된 인물이다.

이렇게 쇼인이 강력 추천한 이들은 모두 안세이대옥에 의해 체포되어 감옥에서 동병상련하는 감방 동료들이다. 그러한 죄수 지식인들을 표상하면서 쇼인은 이미 사망한 하시모토 사나이의 존왕양이 정신의 원천으로 『자치통감』과 『한기(漢紀)』의 독서를 강조했고, 그리고 살아 있는 4명에 관해선 그들이 막부로부터 어떠한 처분을 받아 어디에 살고 있든 반드시 찾아서 교류를 하라는 주문을 유서로 작성하였던 것이다. 도대체 무엇 때문에 쇼인은 이들에게 집착하였던 것일까? 그 해답을 호리에와 고바야시에 관한 기술에서 확인할 수 있다.

호리에는 평상시 신도를 숭배하고 천황을 존경하고 대도(大道)를 천하에 명백히 하고 이단과 사설을 배척하길 바랐다. 그가 말하길 "천조에서 교서를 제작하여 출판해서 반포하면 좋을 것"이라 하였다. "하지만 내가 생각하기엔 교서를 제작하여 출판하는 것이라면 반드시 그 방법을 확립하지 않으면 안 된다. 무엇보다도 우선 교토에 대학교를 부흥시키고 거기서 천황가인 황조의 학풍을 천하에 제시하고, 그 위에 천하의 탁월한 재능을 가진 학자들을 교토에 초빙하여, 그 힘을 빌려 천하고금의 정론이나 확실한 논의를 편집해서 서적을 만들고, 이것을 천황에게 교습하고, 그 여운을 천하에 나누어 가질 수 있다면 천하의 인심이 자연스럽게 하나로 안정될 것이다. 이와 같은 생각을 토대로 이전부터 이리에 구이치와 은밀하게 토론하였던 존왕양이당(尊攘堂)의 의의와 결부시켜서 호리에와 상담하고, 이것을 구이치가 실현하도록 일임하기로 정하였다. 혹시라도 구이치가 동지들과 함께 도모하여 내외의 뜻을 통일하여, 조금이라도 실현의 실마리를 찾아준다면 내가 뜻하는 바도 헛된 것은 아닐 것이다." 그렇게 쇼인은 꿈을 꾸었다.

이는 그동안 하기번국의 안녕과 번주 가문인 모리가의 영속을 위해 헌신하는 관영학교 명륜당의 병학사범으로, 나아가 국사범으로 송환되어 하기의 노야마 감옥과 쇼카손주쿠에서 일취월장하여 국가대사를 논단할 수 있을 정도 독립한 사상가로 성장한 요시다 쇼인이 확립한 정치사상이며, 그가 꿈꾸던 일본국가의 청사진이다. 이와 같은 청사진을 쇼인은 도쿠가와 나리아키가 주도하는 존왕양이론에 가탁을 했던 것이다.

외세동점에 굴복하여 개국한 도쿠가와 막부가 쇼군 계승권을 둘러싸고 재야세력과 권력투쟁을 일삼는 현실 앞에서 그는 천황의 존재와 역할에 실낱같은 희망을 걸었던 것이다. 그가 "작년 비상수단으로 천황의 칙범(勅諚)과 윤지(綸旨)의 힘을 빌려 일거에 거행하려 했던 것이 완전히 무산되었다고는 해도 존황양이라고 하는 것은 멈출 수 있는 것이 아니다. 따라서 최선의 방법을 찾아 이전 단서를 계승하야만 할 것"이라 단언하고, 그런 의미에서 교토의 대학교 건립에 관한 논의는 또한 기특한 것이라 강조했다.

그리고 고바야시 요시스케가 전하는 학습원(學習院)의 모습을 소개한다. 학습원은 황실전용의 관영학교다. 그런 "교토의 학습원에선 특정한 날을 지정해, 그날에는 농민이나 정인에 이르기까지 희망하는 사람은 모두 출석해서 그 강석(講釋)을 청강하는 것이 허용되고 있다. 일반적인 강의가 있는 날은 공가들이 출석을 하고, 강사로는 예로부터의 전통인 스가하라 가문과 키요하라 가문의 출신 외에도 시중의 유학자가 합세하는 경우도 있다. 그렇다면 이것을 기초로 궁리를 더 한다면 얼마든지 묘책이 나올 것이라 전망을 한 쇼인은 오사카의 상인학교 가이토쿠도(懷德堂)에 레이겐 상황이 친필한 칙액(勅額)에 있음을 사례로 들어 새로운 학교를 일으키는 묘책"이 있다는 고바야시의 말을 옮기었다. 이른바 호리에와 고바야시의 정치사상과 교육 사상에 가탁한 쇼인의 청사진이다.

유학사상의 보편성과 특수성 논쟁:
『강맹여화』는 국수주의 사상인가?

쇼인의 수많은 저술 속에서 으뜸은 『강맹여화』다. 그것은 『강맹차기』라고도 불리는데, 1850년대 개국을 전후하여 격동하는 일본사회에서 주자학의 역할과 의의를 살펴볼 수 있는 절호의 자료이기도 하다. 페리 제독이 재차 내항하였다는 소식을 접한 쇼인은 1854년 3월 27일 카네고 시게노스케와 함께 아메리카함대의 선박에 승선하여 해외도항을 기도하였지만 정중히 거절당하고 다음 날 곧바로 막부의 직할관청에 자수하였다. 10월 하기로 송환되어 노야마 감옥에 투옥된 쇼인은 이후 30세에 형장의 이슬로 사라질 때까지 5년간 죄수신분으로 유수생활을 영위해야만 했다.

하지만 자유로운 행동이 봉쇄되고 독서와 사색의 나날을 보낼 수밖에 없었던 제한된 환경은 오히려 쇼인의 사상을 성숙하게 만드는 계기가 되었다. 1855년 6월 같은 감옥에서 생활하는 동료수인들과 더불어 독서회를 조직하여『맹자』를 읽기 시작하였다. 그리고 매번 진행되는 윤독회 때마다 주제에 대한 감상을 기록해둔 것이 후에『강맹여화』로 결실한다. 이 윤독회는 그해 12월 질병보양의 명목으로 쇼인이 노야마 감옥에서 친가의 유수실로 유폐되면서 중단되었지만, 친부와 맏형의 권유를 받으면서 유수실에서 가족 중심으로 독서회가 재개되었다. 그 후 쇼카손주쿠의 활성화와 더불어 강의 형태로 발전한『맹자』학습은 1년여의 강의를 마치고 그 결과로서『강맹여화』가 완성되었다.

『강맹여화』는『맹자』를 윤독하는 독서회를 복습하면서 집필된 기록물이다. 그 원전의 구성은『맹자』의 7편 14권, 즉「양혜왕」상·하,「공손추」상·하,「등문공」상·하,「이루」상·하,「만장」상·하,「고자」상·하,「진심」상·하의 각 권의 순서에 따라 구성되어 있다. 그 구성은 강의한 독서회의 순서와 일치한다. 즉「맹자서설」에 대한 독서회를 가진 1855년 6월 13일부터「진심」하의 제37장과 제38장에 대한 최후의 독서회를 가진 1856년 6월 13일까지 만 1년 동안 노야마 감옥에서 31회, 스기가의 유수실에서의 21회까지 모두 52회가 열렸는데, 윤독한 날짜가 각 장의 모두나 말미에 기록되어 있다.

윤독회는 많을 때는 하루 만에 『맹자』의 제15장을 읽기도 하고, 적을 때에도 제2장을 읽었는데, 하루 1장으로 끝난 적도 5회나 있었다. 참고로 덧붙이면 감옥에서의 독서회는 6월 4회, 7월 7회, 8월 8회, 9월 2회, 10월은 없고 11월 10회이며, 친가의 유수실에선 12월 2회, 다음 해 1월과 2월은 없고 3월 6회, 4월 3회, 5월 6회, 6월 4회 열린 것으로 기록되어 있다.

이것을 내용별로 보면 『강맹여화』의 제1권은 「맹자서설」과 「양혜왕」 상·하 2권에 대한 8회분, 제2권은 「공손추」 상·하와 「등문공」 상·하의 합계 4권에 대한 10회분, 제3권의 상은 「이루」 상·하 2권에 대한 10회분, 제3권의 하는 「만장」 상·하 2권에 대한 6회분(이상 노야마 감옥에서 열린 「만장」 상까지의 독서회), 제4권의 상은 「고자」 상·하 2권에 대한 9회분, 제4권 중은 「진심」 상권에 대한 6회분, 제4권의 하는 「진심」 하권에 대한 4회분이 각각 수록되어 있다.

이와 같은 과정을 거쳐 탄생한 『강맹여화』는 그 후에 위력을 발휘한다. 특히 하기번국의 최고 석학으로부터 검증을 받으면서 학문적 권위를 높였고, 그렇게 얻은 명성을 통해 하기의 뜻있는 젊은이들을 쇼카손주쿠에 끌어들였다. 쇼인이 국법을 어긴 국사범의 죄수 신분에도 불구하고 구사카 겐즈이, 다카스기 신사쿠, 마에바라 잇세이, 시나가와 야지로, 이토 히로부미, 야마가타 아리토모 등과 같이 근대일본사에 이름을 올린 인물들이 차례차례 쇼카손주쿠의 문을 두드렸던 것이다. 이른바 하기 제일의 교육가의 탄생이다.

『강맹여화』를 완성한 쇼인은 당시 하기번국의 관영학교 명륜관의 학두인 야마가타 다이카(山県太華)에게 비평과 질책을 요구했다. 1810년부터 명륜관의 최고수장인 학두 직무를 수행하면서 하기번국의 학풍을 고학파에서 주자학으로 전환시킨 다이카는 당시 77세의 노구였다. 그런 주자학자 다이카가 27세의 한창 나이인 쇼인의 학문적 요망에 『강맹차기평어(講孟箚記評語)』로써 부응했다. 그는 정통적인 주자학에 입각해서 합리적이고 균형 잡힌 비평을 하였다.

그런 만큼 공자나 맹자가 태어난 고국을 떠나 타국을 주유한 것을 비판하고 만세일계의 일본국체가 갖는 독자성을 강조하고 시대적 위기에 대응하여 존왕양이를 역설한 쇼인에 대해 다이카의 비평은 혹독했다. 요컨대 유학을 매개로 한 동북아시아 보편성을 송두리째 부정하며 국체를 토대로 일본적 특수성을 주창하는 쇼인의 학문적 태도에 대해 다이카는 조목조목 지적하면서 반론서책까지 작성하는 열의를 보였다. 이른바 학문을 매개로 상하귀천의 벽을 초월한 하기번국의 지식사회의 단면을 확인할 수 있는 사례다.

물론 요시다 쇼인이 유학을 전면적으로 부정한 것은 아니다. 그럼에도 다이카와 쇼인의 학문적 교류는 근현대 이후의 일본학계에서 요시다 쇼인의 학문과 사상을 국체사상가 또는 양명학자로 분류하면서 주자학과의 차별성을 강조하는 연구 방법과 성향의 연원이 되었다.

다이카의 비평에 당혹감을 감추지 못한 쇼인의 모습은 전술한 바와 같지만, 쇼인은 물러서지 않고 반론을 펴면서 자기의 소신을 굽히지 않았다. 뿐만 아니라 그는 자신의 요망에 부응해서 일일이 비평을 해준 평론집을 고이 간직함으로써 학문적 스승에 대한 보답을 대신했다. 이렇게 하기번국의 지식인으로서 노구의 석학과 패기의 쇼인이 교환한 학문적 토론은 『요시다 쇼인 전집』에 수록된 『강맹여화』의 부록으로 수록되어 있어 오늘날에는 현대일본어로 번역된 자료들도 쉽게 입수할 수 있다.

『강맹여화』에서 전개한 특징은 서문에 해당하는 짧은 「맹자서설」에서도 쉽게 확인할 수 있다. 맹자서설이라는 제목 아래에 미친 사람(狂者)이라고 자신을 표기한 쇼인은 "경서(經書)를 읽는 제일의 의의는 성현에 아첨하지 않는 것이 요점"이라는 정의부터 내렸다. 그리고 중국과 일본과 구미열강의 차이를 다양한 형태로 대비시키는 방법을 통해 자기의 견해를 제시하였다. 우선 제시한 것은 일본과 중국의 차이다. 그가 내린 "성현에 아첨하지 않는다"는 정의는 중국에서 체계화된 사서오경을 학습한다고 해서 중국의 성현들을 맹신해서는 안 된다는 교육 사상에 입각한 것이었다. 그는 "공자와 맹자가 태어난 고국을 떠나 다른 나라에 출사하는 것은 수긍할 수가 없다. 무릇 주군과 부친은 그 소중함이 같은 것이다. 자신의 주군이 완고하고 어리석다하여 버리는 것은 집을 나와 옆집의 노인을 부친으로 삼는 것과 같다. 공자와 맹자가 이 대의를 상실했다는 것은 어떠한 형태든 변명의 여지가 없다"라고 강조했다.

그리고 자기 주장에 대한 반론도 제시하였다. "혹자가 말하길 공자와 맹자의 도리는 크며 이전부터 천하를 좋게 하고자 하는 것이다. 어찌 자국을 반드시 우선하려고 하는가? 따라서 현명한 주군을 얻어 우리 도리가 실행되었을 때에는 천하와 더불어 그 혜택을 입게 되므로 우리 고국도 당연히 그 혜택을 받는 것이 아닌가"라는 반론이 있다는 것을 소개하고 나선, 하지만 "이에 나는 말한다. 천하를 좋게 하고자 한다며 자신의 나라를 떠나는 것은 나라를 다스리고자 한다면서 몸을 닦지 않는 것과 똑같다. 수신, 제가, 치국, 평천하는 『대학』의 차서(次序)로 이를 결코 흩트려서는 안 된다. 만일 일신과 집안을 버리고 나라와 천하를 다스릴 수 있다 하여도 그것은 관중(管仲)이나 안영(晏嬰)만이 할 수 있는 소행"으로 중국적 특성임을 제시하였다.

나아가 "중국에서 대체로 그 총명하고 예지가 넘치는 것이 만민 위에 걸출한 자가 민중 위에 서는 주군이 되는 것이 올바르다고 간주된다. 그런 연유로 요임금과 순임금은 그 황제 지위를 새빨간 타인에게 선양하고, 탕왕과 무왕은 자신의 주군을 추방해서 멸망시켰던 것이다. 그러한 것들은 성인다운 자격을 방해하지 않는다"라는 설명을 덧붙였다.

그리고 그런 중국적 특성을 전면에서 반박한다. 하지만 "우리나라에선 위로는 황실에서 아래로는 번국에 이르기까지 수천만 대에 걸쳐 대대로 그 지위를 세습해온 것이다. 이것은 결코 중국 등에는 없는 것으로 비교할 바가 못 된다. 중국의 신하들은 계절마다 이동하는 노비와 같지만 우리나라의 가신들은 직속가신이 되어 주인과 생사와 희비를 함께하고 생명이 위태로운 경우에도 주군을 버리고 도망쳐도 된다는 도리"는 털끝만치도 없다.

그다음에 당대의 사회체제인 신분세습제 봉건사회에서 가신들이 취해야 할 이상적인 신하상을 제시하였다. 그것은 주군을 섬기는 신하의 간언이 갖는 중요성이다.

주군을 섬기면서 의견이 받아들여지지 않을 때는 죽음을 각

오하고 간언해도 좋다. 유수되어도 좋다. 굶어죽어도 좋다. 이러한 일에 닥치면 자신은 공훈이나 명예를 얻을 수는 없지만 신하의 도리를 잃지 않은 것이 되어 도리어 후세에 영원한 모범이 될 것이다. (중략) 그러므로 자기의 일신에 공훈이나 명예도 없는 것처럼 보이지만 100년이나 1,000년의 긴 안목에서 보면 그런 충은 (중략) 대충(大忠)이라 평가된다.

다시 말하면 상위의 주군에 대한 하위의 가신들의 끊임없는 충성을 요구하는 것처럼 보인다. 하지만 쇼인은 "이런 논의는 우리나라의 국체상의 특징에 비추어 말할 수 있는 것이다. 중국에서의 주군의 모습은 자연스럽게 우리나라와는 다른 것"이라고 말한다.

이상과 같은 도식적인 일본과 중국과의 차이는 근현대일본의 지식사회에서 만연한 연구방법이며 선행연구의 결론이기도 하다. 거기에선 중국의 천명사상인 역성혁명을 부정했다는 일본적 국체사상의 특징이 일본적 학문이나 사상이라고 표상한다. 이와 같은 자민족 중심의 국수주의적 연구방법론은 근현대 이후 일본학계에서 진행된 요시다 쇼인에 관한 선행연구에서도 어김없이 나타났다. 아니 그런 선행연구를 최선두에서 이끈 것이 국수주의 학풍이라는 것이 사실에 가까울 것이다.

하지만 '성현에 아첨'하지 않고 사서오경을 학습하여 체득하라는 『강맹여화』의 서문 「맹자서설」에 입각해보면 또 다른 쇼인의 학문과 사상의 특징도 보인다. 그가 "조금이라도 아첨하는 곳이 있으면 도리(道)가 밝혀지지 않고, 배운다 해도 이익은 없이 손해만 있을 뿐"이라고 단언한 것이 그것이다.

요컨대 쇼인이 지향한 것은 도리(道)다. 그것도 동북아시아의 중화문화권의 보편적인 도리. 그렇게 단언할 수 없는 것도 「맹자서설」에서 확인할 수 있다. 그것은 앞선 인용문에서 언급한 것, 즉 공자와 맹자의 전국 주유를 비판하면서 그 전거로 내세운 『대학』이다. 그렇다. 쇼인은 수신, 제가, 치국, 평천하라는 8조목의 덕목을 토대로 공자와 맹자를 추앙하는 근세일본의 유학자들의 학문사상의 도리도 밝히지 못하고 자기 잘난 체만 하여 오히려 일본사회의 혼란을 초래하는 속유(俗儒)로 상대절하를 하였던 것이다.

이와 같은 쇼인의 학문과 사상의 특징이 바로 하기번국의 최고 석학인 야마가타 다이카의 애정 어린 질정과 비평을 토대로 완성되었다는 것은 아무리 특기하여도 충분하지 않은 역사적인 사실이다. 쇼인이 중국과 일본을 대비시키면서 정치사상으로 부각하고자 했던 것은 일본적 특징을 부각시키기 위한 것이 아니다. 그의 최대 관심사는 구미열강의 강압적인 문호개방이었다.

　최근 들리는 바에 따르면 해외의 야만국 여러 나라가 현명한 사람과 지식인을 정부고관에 추천해서 그 정치를 혁신하고 급속하게 중국을 추월하는 기세를 보인다고 한다. 우리나라는 어떻게 해서 야만 국가들의 기세를 멈추게 할 수 있을까? 그것은 달리 방법이 없다. 전술한 바와 같이 우리나라의 국체가 외국과 다른 이유를 규명하여, 온 나라 사람들이 모두 우리나라를 위해서 죽는다는 의지를, 아들은 아버지를 위해 죽는다는 의지를, 가신은 주군을 위해 죽는다는 의지를 갖고, 그 의지가 확실한 것을 한다면 어떠한 야만국가의 제국들을 두려워할 필요가 있을까? 아무쪼록 제군과 함께 이 일에 종사하고 싶다.

　쇼인은 이와 같이 굳은 의지를 밝히고, 그 의지를 쇼카손주쿠의 문하생들에게 가탁했던 것도 여기에서 유래한다. 이른바 변방의 하기번국의 병학사범의 직분을 완수하기 위한 일환으로『맹자』강의가 이루어지고, 그 결과로서『강맹여화』가 탄생했던 것이다. 그렇게 단언할 수 있는 것은 쇼인이 병학사범의 직분으로 야마가류 병학의 핵심인『무교전서』를 강의하고, 그 결과로『무교전서강록』이라는 강의 공책을 만든 것에서도 확인할 수 있다.

병학사범의 사상적 원점:
『무교전서』·『무교소학』과 성리학의 교육사상

　요시다 쇼인은 1856년『무교전서강록(武敎全書講錄)』을 완성시켰다. 그것은 같은 해 8월 22일부터 쇼카손주쿠에서 시작한 강의의 결과물이다. 교재를 활용한 강의 기록을 토대로 집필한『강맹여화』의 탄생과 흡사하다.『무교전서』는 병학자 야마가 소스이(山鹿素水)가 공동으로 교정하여 1849년 에도에서 간행한 병법서다.

　소스이는 막부 말기 야마가류 병학자로서 막부가신 구보다 스가네(窪田淸音)와 쌍벽을 이루었다고 일컬어질 정도의 명성을 얻어 1855년 막부가 첫 번째 출부한 강무소(講武所)에도 크게 관계하였다. 이런 소스이를 쇼인이 만난 것은 1851년이다. 야마가류 병학자로서 에도 종가에 해당하는 소스이에 입문했던 것이다.

　하기번국의 관영학교 병학사범으로 독립한 쇼인이 번주 다카치카를 수종하여 에도에 오자마자 에도 종가에 해당하는 야마가 소스이를 방문한 것은 야마가류 병학자로서 자연스런 행보였다. 다만 그해 12월 무단으로 동북지방을 주유한 죄로 하기에 송환되어 무사 신분인 사적과 가록을 몰수당하여 평민이 된 쇼인이 번주의 은전에 힘입어 1853년 재차 나온 이후 몇 차례나 해외도항을 기도한 것이 문제였다.

국법으로 금지한 해외도항을 감행한 죄로 에도에서 하기로 송환되어 결국 여생을 감옥에서 보내야 했던 쇼인에게 야마가류 병법은 한 가닥 남은 희망이기도 했다. 즉 관영학교의 병학사범으로서 하기번국과 번주에 충성을 다하고, 나아가 일본국가의 안위를 걱정하는 민족주의 사상가로서 자기의 직분을 자리매김하고 스스로 행동하는 사상적 원동력을 거기서 추구했던 것이다. 그런 의미에서 쇼인이 쇼카손주쿠에서 『무교전서』를 강의한 것은 의미가 크다.

근세일본유학사에서 야마가 소코(山鹿素行)는 고학파의 선구자로 분류되면서 주자학을 극복한 사상가로 크게 표상되는 인물이다. 그는 1656년 『무교요록』『무교소학』『무교본론(武教本論)』『무교전서』『병법혹문』『손자구독』『수경요록(手鏡要錄)』 등과 같이 병학에 관련한 많은 저서를 일거에 공개했다. 이른바 야마가류 병학의 탄생이다. 그것은 소코가 궁리해서 체계화한 병법이며 유학이며 무사도다. 여기에서 특이한 것은 그가 당시 산재하는 병학과 병법서들을 무사들의 가르침이라는 의미의 무교(武教)로 통합하면서 도쿠가와 시대 일본인이 추구해야만 할 이상을 청사진으로 제시하였다는 것이다.

이 청사진에는 막번체제의 무가사회에 부응하는 병학, 사무라이들이 지배계층으로서 갖추어야 할 무사도, 도쿠가와 막부를 비롯한 막번체제가 위로는 천황가와 아래로는 백성에 이르기까지 신분 계층제에 입각한 봉건사회의 구축이라는 청사진, 나아가 건국신화와 만세일계의 천황가를 근거로 펼친 황조국가 일본의 특수성 등이 자유롭게 유감없이 전개되고 있다. 자민족중심주의를 고취하는 국가주의가 근현대 일본의 지식계와 사상계에서 끊임없이 재창출된 원동력도 여기에 있다. 동시에 요시다 쇼인을 패권적인 국가주의로 현창한 선행연구의 연원도 여기에 있다.

야마가류 병학 관련 저서에서 소스이를 비롯한 편집진이 취사선택해서 교정하고 간행한 것이 『무교전서』이며 이것을 쇼인이 하기에서 교재로 활용하였던 것이다. 쇼인이 『무교전서』를 강의한 것을 「요시다 쇼인 연보」에서 확인하면 상기한 『무교소학』 외에 『무교본론』 3회와 『손자구독』 1회가 더 있다. 뒤의 두 책은 번주 다카치카의 앞에서 친시형태로 행한 것으로 그 기간은 21세 이전이다. 이른바 유년에 양자 가독을 이은 쇼인이 병학사범으로 성장하는 과정을 번주 다카치카가 지켜본 형태였다. 1849년 간행된 『무교전서』에는 『무교소학』 다음에 『무교본론(武教本論)』의 순서로 편집되어 있다. 따라서 여기선 순서대로 두 저서의 구성과 특징을 개괄한 뒤에 『무교소학』의 서문에서 주창하고 있는 쇼인의 야마가류 병학이 갖는 의미를 정리해볼 것이다.

우선『무교소학』의 목록을 보면 다음과 같은 10개 항목이 있다.

▷숙기야매(夙起夜寐): 아침 일찍 일어나고 밤에 늦게 자며 부지런히 일한다.

▷연거(燕居): 주군에 출사하지 못하고 자택에 기거할 때의 바람직한 생활태도.

▷언어응대(言語應對): 언어사용을 상대와 장소에 따라 알맞게 해야 한다.

▷행주좌와(行住坐臥): 가고 멈추고 앉고 눕는 데에도 예의와 절도가 있다.

▷의식거(衣食居): 의복과 음식과 주거도 분수와 절도에 맞추라.

▷재보기물(財寶器物): 재물보화는 천하공공의 것이니 금욕하라.

▷음식색욕(飮食色欲): 음식과 색욕은 절제를 논함.

▷방응수렵(放鷹狩獵): 무사는 매사냥을 할 수 있을 만큼 지리와 시기를 알아야 한다.

▷여수(與受): 군신과 상하는 물론 붕우 사이에 주고받는 예의를 논함.

▷자손교계(子孫教戒): 자손에 대해선 자애심을 갖고 가르치고 계도하라.

그리고 『무교소학』에 이은 『무교본론』의 구성은 서문(自序와 序段), 주본(主本), 찬장(撰將), 용사(用士), 무자분(武者分), 제법, 선공, 내습, 군례, 법령, 천관, 지형, 척후, 시용(侍用), 무공, 용간(用間), 연진(練陣), 행군, 영법, 성축, 객선, 주선, 공성, 수성, 과전, 중전, 보전, 기전, 산전, 하전, 주전, 복전, 화전, 야전, 야수, 잡전, 전법, 병구(兵具), 급료(急療), 금창(金瘡), 마의(馬醫)의 항목으로 분류하여 그 항목마다 요점을 간단히 기술하였다. 이른바 본격적인 전쟁에 대비해서 갖춰야만 할 것을 구체적으로 제시한 병법서다(『山鹿素行』, 〈일본의 명저〉 12, 中央公論社, 1971. 15쪽, 103~122쪽. 〈고전의 사전〉 7권, 河出書房新社, 1986. 287쪽).

다카노(高野澄)의 『무교본론』 설명에 따르면 한문인 원문은 상·중·하 3편으로 분류되어 각 편의 주제는 상편 대원(大原), 중편 주요(主要), 하편 전략(戰略)으로 구성되어 있다. 그 요지는 대원에는 철학 혹은 세계관이라고 할 만한 것으로 유학에 대한 소코의 기본적 생각이 제시돼 있고, 주요 내용을 오늘날의 학문에서 보면 정치학의 분야에 해당하는 것이 제시돼 있다. 그리고 전략에는 문자 그대로 전쟁론과 전쟁기술을 설명하고 있다. 또 『무교소학』은 소코의 저술이 아니라 소코의 학설을 문하생이 정리해 편집한 것이라는 지적과 함께 소코가 『무교본론』과 더불어 편집하여 간행하는 것을 묵인했다는 부언도 하고 있다.

쇼인이 완성한 『무교전서강록』의 모두에는 우선 자신이 야마가류 병학사범으로서 일찍부터 야마가 소코의 저작을 읽어 왔지만 아직껏 주요핵심을 파악하지 못하고 있음을 토로하고 후학의 발명을 기다린다는 부탁의 말과 더불어 「개강주의」와 「무교소학서」가 편집되어 있다. 전자는 강의한 날짜를 밝히고 있으니까 쇼인의 문장이 확실하지만 후자는 불확실하다. 내용상으로 보면 개국 이후의 정치상황을 엿볼 수 있는 것이며 강의록에 수록했다는 점에서 그것들은 모두 쇼인의 학문과 사상을 대변하고 있다고 볼 수 있다. 따라서 그 내용들을 정리해서 제시해보고자 한다.

"제군들과 함께 모여서 야마가 스승의 『무교전서』를 개강하는 취지가 무엇인가"라는 질문으로 시작한 「개강주의」에서 쇼인은 "귀한 황국에서 태어나 무가사회의 무사가 된 이상 그 직분인 무도에 힘써 황국의 커다란 은혜에 보답해야만 함은 거론할 여지도 없는 것"이다, 그 위에 "국가의 은혜에 관해선 우리 스승은 만세의 속유들이 외국을 귀히 여기고 일본을 천시하는 와중에 태어나 홀로 탁연히 이설을 배척하고 상고의 신성(神聖)의 도리를 궁리하고 『중조사실(中朝事實)』을 편찬하신 깊은 마음을 생각해서 알아야" 한다. 그리고 "나는 죄수인 몸이라 다른 사람과 접촉해선 안 되는 상황이다. 그렇지만 나 홀로 지향하는 바는 황국의 대 은혜에 보답하고 무가사회의 무사로서 직분을 다하기 위해 노력하는 데 있다. 그 뜻은 죽는다 해도 나는 결코 변치 않을 것이다. 옛날 스승은 이 길(斯道)을 자신의 임무로 삼았다. 그렇다면 우리들도 이 길을 지켜나가는 바를 지향해야만 하지 않을까? 이것이 오늘 개강하는 취지"라고 설명했다.

그런 다음 「무교소학서」에선 이 서문의 크나큰 취지를 충분히 이해할 것을 촉구했다. 여기서 강조하는 것은 사도(士道)와 국체(國體)다. 사도란 진정한 무예와 진정한 글(眞武眞文)을 배워 몸을 닦고 마음을 바로잡아서 나라를 다스리고 천하를 평안하게 하는 것이다. 국체란 신주에는 신주의 국체가 있고 이국에는 이국의 국체가 있는 것이다. 그 차이를 모른 채 외국의 서책을 읽으면서 무조건 외국 것이 좋다고 생각하고 우리나라의 것은 천시하며 외국을 부러워한다. 국체를 모르고 황급히 읽을 때는 똑같이 외국을 부러워하고 우리 국체를 상실해가는 것을 면할 수가 없다. 이것을 스승은 깊이 염려하였으며, 그가 『무교소학』을 지은 까닭도 여기에 있으며 국체를 생각해야만 할 당위성도 여기에 있다고 강조했다. 이상과 같은 기술만 보면 일본적 국체를 강조하는 것처럼 보인다. 하지만 그것만은 아니다. 오히려 그는 중국과 일본, 일본과 서양의 합일을 촉구하고 있다. 그 과정에서 크게 활용된 것이 성리학의 『대학』과 〈궁리(窮理)〉사상이다.

쇼인이 중국과 일본의 국체의 차이를 강조하면서 "회암(晦菴)의 소학에서 앞서 말한 사도는 대체로 알 수 있지만 이것은 중국인(唐人)이 만든 서책인 까닭에 국체가 없다"고 표현한 지적과 소학의 본의가 "뜻있는 인사와 어진 사람을 육성하기 위한 참된 가르침(教誠)이다. 이것이 서문의 커다란 취지며 이 책의 커다란 취지"라고 단언한 데서 이를 확인할 수 있다. 그렇게 단언한 이후 서문은 『맹자』와 『논어』와 『대학』을 인용하면서 이상적인 무사상인 사도론을 전개한다.

그 핵심은 이렇다. 만물 중에 가장 영험한 것은 인민에 비할 바가 없다. 인민은 만물의 영장이기 때문에 의식을 생산하고 궁실과 기물을 제조할 수가 있고. 그들이 만든 의식과 기물을 교역해서 융통하게 하는데, 모두가 각기 직분이 있어 서로 이익을 나누며 세상을 살아간다. 사무라이인 무사는 삼민의 공업이 없이 삼민의 위에 서고, 주군의 아래에 있으면서 주군의 뜻을 받들어 백성을 위해 재해화란(災害禍亂)을 방지하고 재물을 이룰 수 있도록 돕는 것(財成輔相)을 직분으로 삼는다. 양부인 요시다 다이스케도 "군주는 나라의 줄기, 백성은 나라의 근본, 신하는 군주와 백성의 사이에 서서 군주에게는 어진 인을 백성에게는 생업에 힘쓰도록 하고, 그 좋은 결과는 군주와 백성에게 돌려 비판의 화살을 피한다. 그러면 조정의 의전은 흔들리지 않고 정치와 교화는 분명해질 것"이라고 말한다. 이상은 요시다 쇼인이 야마가류 병학을 매개로 확립한 무사도론이며 동시에 방황하는 자신에 대한 책망이기도 했다.

그 과정에서 "하급무사(平士)를 치국이나 평천하에 위임하는 것은 너무나 지나치게(過僭) 들리겠지만 『논어』에서 말하듯이 일가(一家)와 나라와 천하는 원래 한 꿰미(一串)다. 또 『대학』이란 경서에선 고본 대학에서 사대부의 적자와 백성의 준수한 자제까지 가르치고 있는데 그 가르침은 또한 치국과 평천하에 미친다. 이것으로써 알 수 있다. 잠시라도 무사가 되어 농공상과 떨어지면 곧바로 치국평천하까지 마음을 배려하여 세상의 안정과 정치의 화평을 보좌해 올리겠다는 성심(誠心)"이 없어선 안 된다는 사도론도 전개했다. 나아가 "학문은 격물치지를 이루기 위한 것이며, 그 격물치지는 『대학』에 보인다. 예의작법은 모두 군신의 의, 부자의 친, 부부의 별, 장유의 서, 붕우의 신에 귀결"된다는 성리학의 오류도 제시되었다. 그리고 말미를 다음과 같이 맺었다.

그 첫째는 스스로 중국이라고 존숭하는 한토(漢土)를 보고 안을 존중하고 밖을 천시하는 이치를 깨달아 우리나라(일본)의 중화조정(中朝)의 존숭함을 알아야 한다. 또 중국에서 선왕을 존경하는 종묘사직을 존중하는 것을 보고 근본에 보답하고 조상을 공경하는 이치를 깨달아야 한다. 일본의 건국신화의 천신 7대와 지신 5대의 시대부터 대대로 이어져온 성제(聖帝)를 존숭해야만 할 것을 아는 것은 바로 궁리의 학문이다. 요컨대 중국과 일본의 특수성을 서로 비추어보아 학문하는 도리를 깨달아야 된다.

둘째는 서양열강의 함선이나 포술과 같은 것은 원래 모두 이것을 활용해서 국익을 개창하고 해적의 폐해를 방지하는 기계라고 한다면 그 도리도 여기에 있다. 그런데 그 도리를 모르고 이것(서양병술)을 배우면 이적의 누속을 부러워하며 우리 국체를 끝내 잃어버린다. 그 도리를 모르고 이것을 미워하면 이것을 요괴사술에 비견하기에 이른다. 이상과 같은 것은 모두 편견으로 정당한 것이 아니다. 따라서 신주의 대체(大體)를 보존하고 만국의 기계를 채용할 것, 중국(한토) 성현의 서책을 강구해서 우리나라(일본)의 충효 실천을 도울 것, 사무의 크고 작은 차이는 있을지언정 필경 그것은 같은 모양의 궁리의 학문이다.

쇼인이 제시한 핵심은 궁리하는 학문(窮理之學)이라는 공통성이다. 그것은 중국이든 일본이든 구미열강이든 학문에서 추구하는 바는 같다는 결론이다. 요시다 쇼인의 학문과 사상의 정수가 여기에 있다. 뿐만 아니라 그는 셋째로 종교적인 측면에서 야마가 소코가 부친상을 치르면서 불교에 대한 경계를 촉구했다는 글귀를 덧붙였다.

이상이 바로 쇼인의 직분론이며 정치사상이다. 문제는 그가 지방번국의 번사에 불과했다는 사실이다. 그것도 반사반농 출신으로 중앙정부인 도쿠가와 막부가 제정한 국법까지 무시하여 처벌받은 국사범인 쇼인이 치국과 평천하를 운운하면서 평사라는 하급무사도 정치적 주체가 될 수 있다고 주창하였던 것이다.

물론 그 장소는 극히 제한된 유수중인 자택이었으며, 청강생도 친인척과 소수의 문하생들뿐이었다. 이른바 쇼카손주쿠에 가탁한 청운의 꿈이었다. 1856년의 일이다. 그 청운의 꿈과 더불어 왕성하게 집필한 『강맹여화』와 『무교전서강록』은 쇼인을 당대의 최고 사상가로 도약시켰다.

하지만 그것은 죽음을 무릅쓰고 펼친 청운의 꿈이기도 했다. 「요시다 쇼인 연보」를 보면 그가 이후 얼마나 왕성하게 집필 작업에 몰두하였는지를 확인할 수가 있다. 특히

1858년 구미열강과 맺은 수호통상조약을 전후로 쇼인이 집필하여 하기번정에 제출한 정책론에서는 초조함과 절실함을 확인할 수 있다.

그렇다면 남은 문제는 왜 그렇게도 쇼인은 죽음까지 무릅써야만 했을까, 아니 어떻게 여기까지 웅비할 수가 있었을까다. 그 해답으로 하기번국의 번주 모리 다카치카의 번정을 제시해보고자 한다.

제3장 광인의 탄생 배경: 주군 다카치카(敬親)

필자는 인터넷상의 인물사전에 요시다 쇼인을 소개하면서 "막번체제 아래의 행운아"와 "해외로까지 확산된 쇼인의 몽상"이라는 부제 등을 붙여가면서 성장과정에 끼친 막번체제의 역할과 더불어 한계를 지적했다. 즉 그가 번주 다카치카에게 얼마만큼 촉망받았고, 얼마만큼 번정 차원의 직간접 지원을 받았는가를 기술했다. 그것은 거의 무한대에 가까웠다. 적어도 1854년 해외도항을 기도했던 시모다 도해의 이전까지는 그랬다. 1851년 12월부터 동북지방을 주유한 동북 유력을 탈번이라 여기고 이런 중대범죄에 하기번정은 사적 박탈과 가록 몰수라는 냉혹한 행정처분을 내렸다.

하지만 그것은 번정을 위한 명분상의 조치였다. 신분상 평민으로 전락한 쇼인에게 번주 다카치카는 「10개년 전국주유의 청원」을 곧바로 허가하였다. 명분상의 처벌과 실제상의 은혜라는 후처리는 쇼인을 오히려 자유롭게 만들었고, 멈출 줄 모르고 몽상하는 광기의 사상가를 배출했다고도 기술했다. 쇼인이 무단으로 나가사키와 시모다에서 두 차례에 걸친 해외도항을 시도하게 되는 원동력도 여기에 있었다. 그만큼 그의 배후는 든든했던 것이다. 하지만 하기번국의 번사 출신인 요시다 쇼인이 에도에 송환되어 도쿠가와 막부에 의해 국사범으로 처형될 당시의 하기번국의 번주도 모리 다카치카였다.

21세기를 맞이한 현대일본의 대중문화에서 다카치카는 가신들의 주청에 언제나 "그리 하시오"만 연발하는 "암울한 영주"로 그려지고 있다. 거기에는 쇼인에 관한 선행연구에서 노야마 감옥에의 투옥과 에도 송환을 방관했다는 사실을 근거로 내린 부정적 평가도 한몫했다.

하지만 최근 하기에서 표상한 「하기번의 명군 모리 다카치카」에 따르면 "사실 그는 무라타 세이후 등과 같은 유능한 인재를 등용하고 번국 재정의 재건을 꾀하고 문부의 진흥을 추진해서 군비를 충실히 다지고 막부 말기 동란시대를 극복하고 유신회천(維新回天)을 이룩한 대단히 유능한 번주이다. 그 결과 메이지 천황으로부터 이렇게 천황친정을 맞이한 것은 오로지 모리 다카치카의 음덕이라고 극찬한 우칙(優勅)까지 받은 명군"이었다.

물론 이런 평가 배경에는 260년이나 지속된 하기번국의 본성과 성하마을 하기의 역사적 사실이 따른다. 그렇지만 그뿐이 아니다. 2018년 현재 하기시에서 가장 유명한 인물은 역시 요시다 쇼인이다. 쇼인신사와 쇼카손주쿠는 물론 명륜관에서도 확인할 수 있다. 앞서 기술한 바와 같이 역사유적 명륜관에서는 산업혁명유산과 '조슈 파이브'와 요시다 쇼인의 선구자적 혁신성을 관련시켜 현창하는 특별전시회를 개최하고 있다.

그 전시회의 토대, 즉 불과 6세에 양자가독이 된 쇼인이 혹독한 수련 끝에 병학사범으로 성장해서 광란적인 사상가로 독립해간 배후, 조슈 파이브가 영국에까지 유학가서 서양문물을 체득하여 근대화에 기여할 기틀을 마련할 수 있었던 배후에도, 그리고 실제로 중앙정부인 도쿠가와 막부를 붕괴시키고 메이지유신의 주역으로 우뚝 선 하기번국의 배후에는 언제나 하기번주 모리 다카치카가 있었다. 따라서 다카치카의 정치 과정과 정치사상에 대한 개괄은 필연적이다.

우연의 연속 끝에 승계한 하기번주… 시대적 배경

모리 다카치카는 1837년 4월 제13대 하기번국의 번주에 취임했다. 그의 번주 취임은 예정된 절차가 아니라 우연이 연속된 결과다. 그 우연의 과정부터 살펴보자. 일반적으로 에도시대는 도시생활의 번영 속에서 화폐 경제의 진전과 더불어 무사계급의 궁핍화가 진행되었다. 그 위에 도쿠가와 막부는 각 번국에 대해서 전쟁시에 부담하는 군사적인 군역대신 에도성이나 오사카성을 비롯해 고슈가와나 간토가와 등과 같은 하천의 대규모 토목공사를 청부할 것을 명령하였기 때문에 전국의 번국들은 막대한 지출을 하지 않을 수가 없었다. 또 영지와 에도를 왕복하는 참근교대에 수반된 막대한 지출과 막부의 주요 각료에 대한 증정의례와 다이묘들에 대한 증답의례에 의한 번정의 채무도 늘어만 갔다.

하기번에선 재정이 궁핍화하고 있음에도 10대 번주 나리히로(齊熙)가 은거 이후인 1825년 에도의 스나무라(砂村)에 33만 제곱미터(10만 평)의 토지를 마련해 은거 장소인 광대한 진카이엔(鎭海園)을 조성해서 번정의 경비를 낭비하였다. 그리고 4년 후 1829년에는 훗날 12대 번주가 되는 세자 나리토우(齊廣)가 11대 쇼군 도쿠가와 이에나리(德川家齊)의 18녀인 가즈히메(和姬)를 아내로 맞이하여 정실부인으로 삼았다. 쇼군의 여식을 아내로 맞이하는 더없을 경사는 도자마 다이묘인 모리 가문에게 필요 이상의 성대한 화촉을 올리게 하고, 또 에도의 아자부 저택 내에 가즈히메를 위한 별채를 신축하고, 축하의례로 친인척과 교환한 기념품 증정과 답례는 하기번정의 재정난을 가중시켰다.

쇼군 이에나리는 대단한 염복가로 그의 자녀로 판명된 수만 52명이 넘는다. 이는 모리 가문에 일거에 친인척을 늘린 것을 의미하며 동시에 축하의례에 의한 재정적 부담도 커졌음을 의미한다. 문제는 그다음에도 이어졌다. 가즈히메가 시집와서 채 반 년도 되지 않아 1830년 18세의 젊은 나이에 요절을 한 것이다. 하기번은 쇼군의 부마국에 어울리는 장례를 거행했다. 요컨대 모리가에선 불과 반 년 동안에 성대한 결혼식에 이어 성대한 장례식도 치러야만 했던 것이다. 모리 가문의 불행은 그것뿐이 아니다.

1836년은 모리 가문에 몇 차례나 재난이 겹친 액년의 한 해였다. 직전 번주인 10대 나리히로가 5월, 다카치카의 부친인 번주 나리모토(齊元)가 9월에 연이어 사망하여 성대한 불교식 장례로 그들을 배웅하였다. 그렇게 복상을 마친 세자 나리토우가 12대 번주로 취임한 것은 12월 10일이다. 이 젊은 번주는 명석한 두뇌의 소유자로 가신들의 기대와 하기번의 장래를 맡기기에 충분한 번주로서 큰 기대를 받았다. 그런데 무슨 까닭인지 번주 취임 19일 만에 갑자기 사망했다. 약관 23세였다. 기대가 컸던 만큼 번국 내의 실망도 컸다.

한편 스오우와 나가토의 양국, 즉 하기번국은 1830년 이후 매년 풍우와 홍수, 한발과 병충해로 농작물 피해가 심해 흉년이 계속되었다. 특히 원숭이해인 1836년은 겨울의 따스한 이상기후에 이어 봄과 여름에는 저온 다습한 날씨가 이어지고 게다가 6월부터 시작된 장마는 대홍수를 초래하여 하기번은 개창 이래 커다란 어려움에 직면했다.

성하마을인 하기를 둘러싸고 흐르는 하시모토·마쓰모토강이 범람, 제방이 붕괴되어 큰 피해를 입었다. 익사자만 200여 명을 넘었고, 홍수 피해액이 27만여 석을 넘어 농촌경제의 피폐함은 극도에 달했다. 36만 석의 지방번국에 27만 석의 피해를 초래한 하기번국의 긴박한 경제 상황 속에 10대 나리히로, 11대 나리모토, 12대 나리토우가 연이어 사망하는 정치적 파국에 직면한 것도 1836년이다.

이런 급박한 상황 속에서 다카치카가 별안간 세자에 책봉되고 하기번주의 가독을 계승하고, 쇼군으로부터 하기번국의 영지를 습봉받은 것이 이듬해 1837년이다. 이른바 우연이 거듭된 하기번국의 내우외환이 한적한 하기에서 자연인으로 생활하던 다카치카를 하기번주라는 정치적인 수장으로 등장시켰던 것이다. 그것은 다카치카가 19세, 요시다 쇼인이 8세였던 1837년의 일이다. 그럼 다카치카는 절망적인 정치적 파국을 어떻게 수습하고 어떻게 극복하였는가?

재정난을 타개하기 위한 검약령과 문무장려

새 번주 다카치카의 최대 관심사는 번국 재정의 재건이었다. 그러므로 우선 번국가신에게 하명하여 재정의 실태조사를 해보니 번국의 채무가 은화 8만 관을 상회하였다. 하기번의 번정개혁의 담당자인 무라다 세이후의 보고「은 8만 관의 거대 적」에 따르면, 이것을 미곡 가격으로 환산하면 170만 석에 상당하는 거대 부채로 36만 석의 작은 왕국이 국가 산출의 5배에 해당하는 부채를 떠안고 있는 재정 상황이었다.

결국 하기번국의 통치요체는 무엇보다 우선 번국 재정의 재건이었다. 구체적 정책으로 검약정책과 낭비를 없애는 유폐개정을 내걸고 그 실무담당자에 오랫동안 하기번정의 행정을 담당하고 민정과 문무의 장려 등에 종사해온 무라다 세이후를 중용했다. 1839년 우선 가신에 대해서 경비절감을 취지로 하는 '절약검소령'을 공포하여 검약에 힘쓰게 한 것을 비롯하여 1840년 번국 내 궁중여성의 생활과 관련된 부서들의 사치를 제지하고 질소절검을 발령하는 「검약정책령」, 부녀자의 복장은 모두 면직물 의복을 착용하도록 의무지운 「부녀견포 금지령」을 내렸다. 이어 여러 무사계층의 복장은 모두 면직물 복장 착용을 명령한 「제사복장개정」 등의 절약에 관련한 포달(布達)을 연이어 고시하여 널리 알렸다.

한편 같은 해 궁핍한 재정의 실상을 명확히 밝히고 번국의 주요 가신이나 중역에게 재정난의 타개에 관한 의견 제출을 징집하는 정책 등을 통해 재정난 해결을 위한 본격적인 정책에 착수했다. 하지만 오랜 세월동안 배양된 습관의 교정은 매우 어려워 그 후 1년이 지나도 눈에 보이는 개선을 보이지 않았다.

그래서 1842년 정월에는 향후 5년간 계속해서 검약정책령을 준수할 것을 발령하며 경비절감 정책을 계속 실시했다. 종래 습관적으로 행해지고 있던 유폐(流弊: 나쁜 풍속)에 대한 개정은 같은 1840년 신임자가 고참자에게 증정하고 있던 의례적 사례를 일절 폐지한다는 「사풍교정령」을 포달했다.

또 1843년에는 「음사해제령(淫祀解除令)」을 발령하여 겐로쿠시대에 조사했던 장부대장에 기재되어 있지 않은 소암당우(小庵堂宇: 작은 암자와 집들) 9,600여 건을 해제하고 불상 1만 2,500여 체를 폐기처분에 처했다. 이른바 메이지유신 초기 신불분리에 따라 발생한 폐불훼석(廢佛毁釋)의 선구적 사례다. 이와 같이 검약정책의 장려시행에 힘쓰고 국운의 부흥을 기도하고 유폐의 재검토를 도모하면서 우선은 가까운 신변에서 질소검약과 유폐 개정을 추진했던 것이다.

다카치카가 무엇보다 열의를 담은 정책 가운데 문무의 장려가 있다. 태평세월이 장기간 계속되며 가신 사이에 상무정신이 희박해져 다카치카는 위기감을 품고 있었다. 그리하여 1840년 「문학흥륭령」을 발령하였다. 문학의 장려는 역대 번주가 남긴 뜻이므로 그것을 계승하여 신분의 상하를 막론하고 번영학교 명륜관에서 수학해야만 할 것이라 규정하면서 문학흥륭령을 추진했다.

그리고 1841년 다카치카는 스스로 도쿠가와 막부의 관영학교인 쇼헤이자카 학문소의 대학두인 하야시 후쿠사이(林復齋)를 초빙하여 유학강석을 열고, 나아가 그의 문하에 입문하여 본격적 학문연구에 정진하였다. 한편 같은 해 12월에는 에도의 사쿠라다 저택 안에 강당과 궁도·검도·창술의 무도장과 마술까지 완비한 문무의 수련장인 '유비관(有備館)'을 완성하여 에도에 주재하는 하기번 관료들의 연습장으로 삼았다. 유비관이라는 이름은 유학사범인 하야시 대학두에 의한 것이다.

1843년에는 번주의 명의로 문무장려가 통달되었다. 그 통달서의 특징은 "가신의 계층마다 별도로 훈련을 주관하는 책임자로 한두 사람을 임명하고 그 사람들이 각기 문무를 장려하고 있는지를 지도하고 감독"하게 한다는 것이다. 신분체제에 입각한 계층별 감독체제다. 이는 당시의 번사들의 문무에 대한 타락된 인식에 대해 번주로서 개선을 촉구한 조치였다.

한편 하기의 호리우치에는 새로운 공사가 시작되었다. 1719년에 개교한 번영학교 명륜관에서였는데, 다카치카는 1846년 엄혹한 재정난에도 불구하고 은퇴한 무라다 세이후를 학교 관련 책임자로 임명하여 명륜관의 충실과 증개축에 관한 기본방침을 입안하고 중건을 추진했다. 그 결과 1849년 하기 성하마을의 거의 중앙에 위치하는 에무카이 지역에 새롭게 명륜관이 완성되고 3월에는 다카치카가 참석하여 성대한 개교식을 거행하였다. 이것을 '명륜관의 중수'라고 부른다. 새로운 명륜관은 약 5만 제곱미터(1만 5,000평)의 부지에 성당·강당·서생기숙사·검과 창과 궁도장 및 마장·수영장·세자의 학습장 등을 완비한 종합학원으로, 그 규모는 서부 일본에서 첫째라고 알려졌다.

특히 재정적 어려움에도 대사업을 완수한 번주 다카치카의 영단에 의해 이 번영학교에서 막부 말기에서 메이지시대에 걸쳐 활약하는 많은 인재가 배출된 것에서 다카치카의 선견지명과 인재육성에 대한 열의를 느낄 수 있다. 그 한편에선 저명한 무술가인 아이즈번의 번사 시가 쇼타로우 이하 5명을 초빙하여 가신들에게 창술을 전수하게 하고, 에도의 사이토 도장으로부터 사이토 신타로를 유비관에 초청하는 정책 등을 통하여 가신들의 무술향상에 힘을 쏟았다.

특히 주목되는 것은 1852년 이래 문무양도를 불문하고 그 길을 추구하고 싶다고 희망하는 가신에게는 매년 5~10명 정도를 대상으로 번국 외의 전국에 무자수행(武者修行)을 권유한 것이다. 스기 마고사부로는 창술 단련을 목적으로 시고쿠와 규슈와 에도를 주유하며 무자수행을 실시했다. 나카지마 지헤이는 나가사키 전습생으로 유학하여 영국과 네덜란드의 2개 국어 및 물리·화학, 야금술, 유리기 제조 등을 배우고 귀국하였다. 그는 유학을 바탕으로 서양저서의 번역, 증기기관차의 운전 등 서유럽의 발전한 문화를 널리 소개하고 만년에는 하기번의 사밀국(화학)을 관장하는 감독으로 임명되어 하기번의 근대과학기술의 발전에 공헌하였다.

그 밖에 오노 다메하치도 나가사키에 유학해서 다카시마 슈항의 문하에 입문하여 전기와 사진술을 학습하고 귀국하여 국가사업에서 활약하였다. 또 구사카 겐즈이, 다카스기 신사쿠 같은 요시다 쇼인의 문하생들도 에도나 교토에서 면학을 하였고, 자비였지만 기도 다카요시는 검도수행을 위해 에도의 사이토 도장에 입문하여 학생회장(塾頭)이 되어 번국 외의 많은 지우를 얻어 그 후 전국적으로 활약하였다. 번국 외에서의 무자수행에 의해 지견을 넓혀 훗날 막부 말기 동란기에 그 지식이나 경험 그리고 인맥을 살려서 활약한 인물도 적지 않았다. 여기까지 보면 요시다 쇼인이 하기 번주와 번정의 특혜를 입었다는 "막번체제의 행운아"라고 표현한 필자의 설명에 동의할 것이다.

양자가독부터 시작해서 시모다 도해의 직전까지 쇼인이 받은 특혜, 즉 교육적인 차원에서 다중적이고 무한대로 지원된 후견인 제도, 전국을 주유하면서 지식을 마음껏 체험할 수 있도록 지원받은 유학 장려, 그리고 끊임없이 새로운 분야의 지식을 추구하는 개척정신을 거의 방관하는 형태로 허용받은 쇼인의 사례는 그만이 특별하게 받은 수혜가 아니었다. 상기한 바와 같이 막번체제 하의 하기번정 상황이 파탄난 재정과 파국적인 정치라는 어려움 속에서 추진한 혁신적인 교육정책이 하기번의 유망 청소년에게 아낌없이 투자되었던 것이다. 이 같은 특징은 다카치카가 등용한 인재들의 면면에서도 확인할 수 있다.

혁신적인 인재의 등용과 쇼카손주쿠 문하생

하기번의 관료 인사는 오랫동안 가문 격위에 따라 관청의 관직이 관습적으로 결정되고 있었다. 그런데 다카치카의 치세에서는 가문 격위에 한정되지 않고 능력이 있으면 승진시키는 실력주의가 맹아하고 나중에는 적극적으로 우수한 인재발탁도 하게 되었다.

예를 들어 전후 일본에 총리대신에 취임한 기시노부스케나 사토 에이사쿠 형제의 증조부인 사토 간사쿠(佐藤寬作)는 토지를 분봉받지 못한 비정규직, 즉 반사반농의 무사신분이었지만 번정의 재무담당을 오랫동안 맡은 업적으로 하기번이 점령하고 있던 지쿠젠노쿠니 키쿠군의 대관(代官)에 전격 발탁되어, 폐번치현(廢藩置縣) 이후 이와미노쿠니의 하마다현령과 시마네현령을 역임하였다.

사족 이외의 신규 채용에선 우와지마번의 번사로 활약하고 있던 주센지 출신인 마을 의사(신분은 농민) 무라다 조로쿠(村田蔵六)를 1860년 병학자로 특별 채용하여 1865년에는 100석을 분봉받은 고위무사 신분으로 격상시켰다. 그 과정에서 가쓰라 고고로(후에 기도 타카요시木戸孝允로 개명)의 추천과 오무라 마스지로(大村益次郎)로의 개명이 있었다. 이들은 근대일본사상의 전형적인 입지전적 인물로 유명하다.

특히 1863년 인재등용에선 특기할 만한 인사가 이어졌다. 우선 1월에 아시가루라는 하위신분에서 이리에 구이치, 야마가타 아리토모, 시나가와 야지로, 스기야마 마쓰스케를 "요시다 쇼인의 존왕양이의 대의를 이해하고 지행하고 실행해야만 할 것"이라는 명목 아래 종신토록 성씨 사용을 허가하는 중견무사로 발탁하고 3월에도 같은 이유로 원래 농민 출신의 아시가루인 이토 순스케(후의 히로부미)를 종신무사(終身武士)로 발탁하였고, 심지어 가신의 가신인 배신(陪臣)출신인 아키라 아쓰노스케를 등용하기도 했다.

나아가 같은 해 6월에는 "우리 번국은 존왕양이의 대의에 순사하는 비상 시절임에도 불구하고 서로 비방하며 안주하려는 속론적인 인물이 적지 않다. 옛 습속을 벗어나 영준(英俊)한 인사가 있으면 문벌격식을 불문하고 정무에 참여시키고, 특정부대에 참가시켜 천하영원의 대책을 수립해야만 할 시절에 즈음해 있다. 아직 인재가 충분하다고 할 수 없다"는 인식 아래에 "사무에 능하고 재치와 기략에 넘쳐 전망이 밝고 국가의 주요정무인 추기(樞機)에 참여해야만 할 인물은 초망의 인물이라 할지라도 꺼리고 싫어하는 일 없이 출사"시킬 것을 포고하는 '인재등용령'을 발포하였다.

이와 같이 근세일본의 신분세습의 사회체제를 초월한 다카치카의 인재등용 정책은 다카스기 신사쿠가 창설한 기병대를 비롯한 무력 단체를 인허가해서 이들이 활약할 수 있는 무대를 제공한 결과를 낳았다. 같은 해 7월에도 배신인 아카네 다케토와 아시가루인 시라이 고스케, 노무라 와사쿠, 시모노세키의 부호상인 시라이 쇼이치로의 번사 발탁과 쇼인 문하의 요시다 도시마로의 무사 고용까지 인재등용은 확대되었다. 그렇게 등용된 많은 인재들이 막부 말기와 유신 초기의 회천사업에서 크게 활약하고 메이지시대의 각계 각층에서 충분히 실력을 발휘한 것은 널리 알려져 있다.

요컨대 요시다 쇼인의 사후 쇼카손주쿠 문하생들이 활약할 수 있는 토대를 마련해준 것이 바로 하기번주 모리 다카치카였던 것이다. 특히 이리에 구이치, 야마가타 아리토모, 이토 히로부미, 노무라 와사쿠, 요시다 도시마로와 같은 쇼카손주쿠 문하생들은 미천한 신분에서 입신출세한 전형적인 인물로 꼽히는데, 이들을 발탁해서 정치 일선에 투입한 정치가가 바로 다카치카였다. 이러한 특징은 요시다 쇼인의 가직인 병학 쪽에서 더욱 두드러진다.

군제개혁·군비확충과 쇼인의 해상방위론

1840년 다카치카는 무라다 세이후에게 신기진(神器陣)을 재검토할 것을 명령했다. 신기진이란 미시마류(三島流)의 군학자의 의견을 반영하여 무라다 세이후가 1816년에 고안한 총포전술이다. 대포를 중심으로 그 좌우에 소총을 가진 30~40명을 배치하고 그 후방에 검과 창으로 무장한 검창대를 배치하는 화양절충의 진영인데, 이것은 당시 다른 번국에 비해 선구적인 근대화 정책이었다. 다음 해 1817년에는 이 신기진을 성하마을인 기쿠가하마에서 조련하고 1826년에는 히가시하마사키초에 새롭게 연습장을 개설해서 신기진의 총포진형의 훈련을 시행해왔다.

하지만 당시 번사들은 "철포는 낮은 계급인 아시가루 등의 병졸들이 다루는 무기로 고위 무사는 역시 칼"이라는 생각이 강하게 뿌리박혀 있었다. 이런 상황에서 재검토를 정리한 보고서에는 "1817년에 총포진형 편성의 신기진을 시작하여 히가시하마사키초에 연습장을 개설하였지만 그 후에는 충분한 조련이 이루어지지 않았다. 지금이야말로 신기진의 충실과 훈련이 필요하다"는 의견이 그런 상황에서 제출되었다. 그 결과로 하기번의 대대적인 군사훈련이 실시되었다. 1842년 9월 다카치카는 스스로 훈련장 후보지인 하기 교외의 하가타이(羽賀臺)를 알아보기 위해 이른 아침에 하기성을 출발해서 현지를 답사했다.

그리고 11월 번정부는 내년 봄부터 하가타이에서 대대

적 군사훈련을 할 것을 취지로 한 「대연습준비령」을 공포했다. 대훈련의 참가자는 직속 가신 격인 하치구미무사(八組士)가 중심이 되고 번사의 복장은 전투모자와 전투상의 차림으로 휴대용품은 하루 치의 식료와 물통과 도롱이뿐이며, 총과 대포는 번정부가 대여하는 형식이었다. 1843년 4월 1일 번주 다카치카의 임석 아래 총군세 1만 3,963명 군마 534필이 하가타이에 집결하고, 총참모 격인 야마다 마타스케를 중심으로 한 대군사훈련을 전개했다. 당시 이것을 "군세 3만 5,000여, 인마 2,000여 필의 대조련"이라 호칭하였다. 이 군사훈련은 하기번국에서 200여 년 만에 거행된 훈련이었다.

한편 서세동점과 더불어 출몰하는 이양선에 대비한 정책도 추진되었다. 북방 해안 경비의 강화와 나아가 번국 도읍의 이전이 그것이다. 하기번국은 1844년 북쪽 바다 연안인 아부군에서 도요우라군까지 연안의 요충지에 포대를 구축했다.

또 같은 해에 다카치카는 에도 아자부 저택 안에 무기고를 열고 스스로 무구와 병기의 수납 상황을 검열하는 한편 당시 서양포술의 제1인자라고 일컬어진 노베오카번(延岡藩)의 번사 요시바 카즈마(吉羽数馬)를 하기에 초빙하여 서양식 포술을 지도받고 하가타이에서 실제기술을 견학하였다.

1850년 10월 하기번국은 영내의 연안 경호에 대비한 병력 상황을 에도 막부에 보고했다. 그 보고서에 따르면 하기번은 병사 3만 3,970명, 대포 558문, 소총 1만 1,569정을 갖춘 군사대국이었다. 뿐만 아니라 1852년에는 2월부터 3월에 걸쳐 다카치카는 스스로 엄동의 북쪽 해안에 출향해서 스사의 마스다 가문에서 주관하는 무기수납 상황을 검열하고 해안 방비 상황을 구체적으로 순찰하였다. 다음 해 1853년에는 북쪽해안의 해방부서를 특정하여 긴급사태에 대비한 번사의 배치체제를 구축하였다.

페리 함대의 내항 이후 총포의 절대적 부족을 실감한 일본에선 도쿠가와 막부가 1853년 10월 발령한 서양식 포술령을 계기로 총포 제조에 힘썼다. 하기번에서도 총포 제조를 가업으로 생활하는 군지 부노스케(郡司武之助)를 제조주임으로 지정하고, 마쓰모토무라에 소재한 군지의 가택을 주조공장으로 개조해서 서양식 대포를 주조하기에 이른다. 또 에도 근교에선 다음 해 1854년 스나무라의 가쓰시카 저택 내에 총포 주조 공장을 신설하고 막부의 허가를 얻어 철포의 주조를 시작했다.

나아가 1863년 영내인 미타지리(三田尻)의 이마무라와 오고리(小郡)의 스센지와 후쿠다의 3개소에 각각 철포 주조 공장을 설치하고 군지 센자에몬에게 대포를 주조할 것을 명하였다. 또 철포에 필요한 화약 등을 제조하기 위해 1858년 하기의 나카즈에 자야바라(中津江の茶屋原)에 정련을 관장하는 관청, 초석을 끓이는 작업장, 수력을 이용하는 물레방앗간(水車場) 등을 건설하였다.

한편 해군에 관한 군비는 거대 함선을 만들 수 있는 서양식 조선 기술의 필요성을 통감한 하기번에 뜻밖의 기회가 찾아왔다. 1855년 10월 발생한 안세이 대지진은 에도의 하기번 저택의 붕괴와 30여 명이 압사하는 희생자를 낳은 대참사였다. 마침 이즈반도 앞바다에 정박해 있던 러시아선박 디아나호가 쓰나미에 의해 파손되었다.

선장 이하 선원들을 러시아에 송환하기 위해 에도 막부는 갑작스럽게 니라야마 대관소로 하여금 새로운 서양식 선박을 만들게 하였다. 여기에 부응하여 하기번은 영내인 나가토의 조선 기술자 오자키 고에몽을 조선 현장인 이즈노쿠니 헤다 마을에 파견하여 서양식 조선 기술과 조정법을 배우게 하였다. 이것이 계기가 되어 다음 해인 1856년 하기의 고바타 에비스가하나에 서양식 선박 제조공장을 설치하고 최초의 서양식 선박 병진마루(丙辰丸)를 만들었으며, 1859년에는 경신마루(庚申丸)를 건조하여 진수시켰다.

1861년에는 미타지리의 선박 저장소에 해군국을 설치해서 해군과 관련된 업무를 총괄하게 하였다.

그리고 1862년에 영국 상인한테 구입한 임술마루(壬戌丸)를 시초로 1863년에는 계해마루(癸亥丸), 1865년에는 을축마루(乙丑丸), 1866년에는 병인마루(丙寅丸)와 제2병인마루를, 1867년에는 기리후마루(鞠生丸)와 정묘마루(丁卯丸)와 제2정묘마루를 구입했다. 1868년 메이지 원년에는 화양마루(華陽丸)와 봉상마루(鳳翔丸)를 포함하여 한꺼번에 4척의 군함을 구입해서 해군의 군비를 증강해갔다. 그렇게 준비한 해군력이 메이지유신 이후 전개된 보신(戊辰)전쟁에 투입되었음은 물론 메이지 4년부터 부상된 정한론이나 1876년 강화도조약의 체결을 위한 해군파견 등에 투입되었을 것이라는 추측도 할 수 있다.

하기번국 모리가와 천황가의 밀회

하기번국의 정치사와 번주의 정치사상에 입각해서 되돌아보면 다른 길도 보인다. 하기번주 다카치카는 두 차례의 조슈정벌을 겪으면서 도쿠가와 가문과 에도 막부를 등졌다. 그가 선택한 것은 천황과 조정이었다. 무가정권인 막번체제가 확립되면서 정치권력을 상실한 천황과 공가들은 막부가

정한 「금중병공가 제법도」에 따라 학문연구와 시문 암송을 수행하는 역할과 관위나 종교와 관련된 의례적인 권위에 한정되는 제한적인 삶을 살아야만 했다. 하지만 페리 제독의 동인도함대 내항과 더불어 형성된 공론수렴 체제에 의해 정치적 권위를 획득해가던 중이었다.

특히 천황의 반대를 무릅쓰고 체결한 일미수호통상조약의 위칙 문제가 불거지면서 천황의 정치권력은 일시에 급부상한다. 이런 상황을 적극 반영한 것이 하기번국의 정치사상이다. 이른바 막부가 제정한 국법을 어기면서까지 새로운 선택을 하였던 것이다. 이 선택이 하기번국에서 존왕양이사상을 시대사상으로 분출하게 만들었고, 나아가 막부 토벌과 메이지유신의 원동력으로까지 작용하였던 것이다. 1837년 하기번주에 취임한 다카치카는 천황가와 조정에 대한 의례를 갖추었다.

1847년 9월 고메이(孝明) 천황이 17세에 즉위하자 다카치카는 재빨리 노신 모리 가즈에를 교토에 파견해서 매개담당(傳奏)인 간주우지 가를 통해서 다치(太刀) 한 자루와 축하의 례금 명목으로 백은 300냥을 헌상했다. 이후에도 조정과 막부의 관계를 주선하는 공무합체 운동을 전개하거나 혹은 일미수호통상조약 칙허를 거부한 조정의 뜻을 반영하여 조약을 파기하고 서양오랑캐를 물리친다는 파약양이(破約攘夷)를 번국의 국시로 삼고 존왕양이운동을 전개하여 조정의 권위를 드높이는 데 진력하였다.

1858년 8월 하기번은 조정으로부터 밀칙을 전해 받았다. 그것은 "나라 안에 소란의 조짐이 있다. 만일 조정에 급박한 변화가 있을 경우 아직도 대궐을 지킬 충신을 찾아낼 수가 없다"는 내용인데, 천황이 미토번주에게 비밀리에 발급했다는 '무오의 밀칙'보다 3일이나 빠른 것이며 그 내용에서도 차이가 있었다. 즉 일미수호통상조약의 조인에 유감의 뜻을 표하고 미토번에게 양이의 추진을 촉구한 내용과 달리 천황가를 수호해줄 충신을 기대한다는 밀칙은 하기번정의 커다란 변화를 가져왔다.

다카치카는 즉각 집정인 스후 마사노스케를 상경시켜 공가인 산조 사네나루와 다카쓰카사 스케히로를 매개로 답변을 올리고, 양이를 위한 구체적인 정책을 추진한다. 번국의 군사제도를 서양식으로 개편하고 나가사키에 전습생을 파견하여 서양조련을 습득하게 하고 1860년에는 마침내 서양 병법과 병제의 제1인자라 불리는 무라다 조로쿠(훗날 일본육군의 창시자 불리는 오무라 마스지로)를 개혁 주체로 전격 채용하여 본격적인 개혁에 착수했다. 최신식의 서양식 총포를 구입하고 영국 상인한테 매우 비싼 가격에 서양식 선박을 많이 구입하여 군비를 충실히 다졌다.

한편 존왕사상을 표방하면서 양이정책을 추진하는 하기 번국의 번정과 더불어 다카치카는 조정에 영향력을 증대시키며 조정이 양이(攘夷)정책을 결정하도록 진언하기도 하였다. 즉 교토의 가모신사와 이와시미즈신사에 천황이 행차하여 직접 서양 오랑캐를 물리치는 양이정책의 성공을 기원하도록 건의하거나, 도쿠가와 막부가 양이정책을 실행할 것은 물론 실행기한을 규정하여 조정이 직접 압박하도록 획책하였다.

그동안 다카치카는 1862년부터 총 다섯 차례에 걸쳐 (1863, 1867, 1868, 1869년) 교토에 상경해서 천황을 알현하였다. 1863년 금 1만 냥의 헌상과 1871년에는 모리 가문이 소중히 보관해둔 보장금 70만 냥을 조정과 신정부에 헌상하기도 하였다. 그 답례로 다카치카는 천배(天杯)를 비롯한 하사품을 받은 것은 물론 양이정책의 진언과 실행에 대한 포상칙어(褒勅)를 하사받았다.

그리고 67년 막부의 토벌 및 교토를 경호하는 아이즈번과 구와나번을 토벌하라는 밀칙이 내려졌으며, 메이지유신 초년에는 전투지 출병과 전사자에 대한 사례로 천황으로부터 금 6만 냥 하사와 더불어 좌근위권중장 종3위의 관위 제수, 모리가의 중흥조상인 모토나리를 추증하는 도요사카(豊榮)신사의 신호까지 받았다. 이른바 근세일본에서 36만 석의 도자마 번국이었던 하기번국이 구축한 천황가와의 근대적 유대관계다. 이상과 같은 유대관계는 쇼인의 정치사회적 위상에도 영향을 미친다.

쇼인의 사후 표상과 주군인 모리 가문의 상관성

1859년 10월 27일 덴마초 감옥에서 처형된 쇼인의 시신은 『유혼록』에서 일본 미래를 가탁한 문하생들에 의해 수습되었다. 이이다 쇼하쿠와 오데라 신노죠가 작성한 「매장보고서」에 따르면, 이이다와 오데라는 옥리에게 뇌물을 바치면서 애원하다시피 매달린 끝에 29일 고즈캇바라의 에코인(小塚原回向院)에서 인도받는 데 성공했다. 뒤에 합세한 기도 다카요시와 이토 히로부미의 도움을 받으며 이들은 장의 격식을 갖춰 시신을 에코인의 부속 묘지에 매장하였다. 11월 15일 작성된 「매장보고서」는 친인척인 구사카 겐즈이와 구보 세이타로는 물론 다카스기 신사쿠와 이리에 구이치 등의 문하생에게도 전해져 문하생들이 결속하는 계기가 된다(河合敦, 『吉田松陰と久坂玄瑞』, 幻冬舍新書364, 幻冬舍, 2014. 164, 「吉田松陰の遺体の行方」).

다음 해 2월 7일 하기의 스기 집안에서 쇼인의 백일제사

단스이와 요시다가문의 무덤

가 거행되었고, 생가와 가까운 단스이와(團子巖)에 앞 머리카
락만을 매장한 묘지를 따로 마련하였다. 한편 교토 케아게에
선 1862년 10월 17일 구사카 겐즈이를 비롯한 문하생과 지
인 20여 명이 모여 쇼인의 위령제를 거행했다. 기병대를 창
설한 다카스기 신사쿠가 시모노세키에서 거병하여 조슈번
정의 중추에 복권한 뒤인 1865년 10월 25일에는 야마가타
아리토모와 이토 히로부미 등과 더불어 거행한 사쿠라야마
초혼장의 쇼인 위령제도 있었다.

이른바 보수적인 속론파와 혁신적인 정의파로 나뉘어 끊
임없이 정쟁을 되풀이하는 하기번정의 정치상황에서 정의
파로 분류된 쇼카손주쿠 문하생들이 정치적인 고비 때마다

쇼인 위령제를 개최하여 정치적 결속과 더불어 행동강령을 확인했던 것이다. 그것도 혈맹서까지 작성하며 쇼인의 뜻을 되새긴 문하생들의 모습이 거기에 있었다. 이 위령제와 더불어 쇼인을 종교적 신앙대상으로 숭상하는 신격화가 진행되고 있었다. 다카스기 신사쿠의 발의에 의해 창건되었다는 사쿠라야마 초혼장은 현재 사쿠라야마신사로 개칭되어 요시다 쇼인을 주신(主神)으로 제사 지내고 있다.

쇼인의 사후 4년, 1863년 1월 5일 다카스기 신사쿠, 이토 히로부미, 아먀오 요조, 아카네 다케도 등이 중심이 되어 요시다 쇼인의 무덤을 이장하였다. 고즈캇바라의 정토종 사원인 에코인에서 하기번국 번주의 관저가 있는 와카바야시로 개장한 것이다. 「요시다 쇼인 연보」에 따르면 와카바야시의 무덤 옆에 쇼인신사가 건축된 것은 1882년 11월 21일이다. 그날의 소식을 전해들은 메이지 천황은 금일봉을 하사하였고, 그해 12월 30일에는 『유혼록』과 쇼인의 자찬초상을 천황이 친히 열람하였다고도 한다.

이렇게 신격화된 쇼인은 1888년 별격관폐사인 야스쿠니신사에 합사되었고, 다음 해 1889년 2월 11일에는 쇼인에게 정4위의 관위가 추증되었다.

그리고 마침내 1926년에는 국가신도 제도에 따라 도쿄부의 관영신사라는 공적 권위를 획득한 부사(도쿄부 신사)로 승격되었다. 이른바 근대일본의 천황제국가의 건설과 더불어 추진된 국가신도라는 제도 아래 도쿄의 쇼인신사는 국가이데올로기를 고양시키는 중견신사로서 확실한 자리매김을 하였다. 특히 천황으로부터 특별한 의미 부여와 더불어 금일봉이나 제찬(祭粲)비를 하사받았다는 기록이 하기의 쇼인신사와 구별되는 특징이기도 하지만, 반면 다이쇼 천황과 쇼와 천황이 황태자 시절에 각각 하기의 쇼인신사를 공식 방문하였다는 사실이 갖는 당시대적 의미도 남다르다.

그만큼 근대일본정치사에서 쇼인의 학문과 사상이 필요했다는 것을 증명하는 것이기도 하다. 다만 그것이 어떤 상황에서 어떻게 유용하게 활용되었는지는 명확하지 않다. 그 일부를 근현대일본 지식사회에서 생산한 다양한 선행연구에서 확인할 수도 있지만, 여기선 하기 번주가 활용한 쇼인의 사후를 확인하고자 한다.

1859년 쇼인이 처형된 이후 하기번주와 번정부는 냉혹했다. 이듬해 윤3월 쇼인의 생부 유리노스케는 핍색(逼塞) 처분에 이어 5월 가독 양위를 명령하여 은거시켰다. 명분은 가내 연금인 쇼인을 감독하고 보호해야 할 직무를 충실히 이행하지 못했다는 죄상이다.

뿐만 아니라 숙부인 다마키 분노신을 비롯한 가까운 친인척도 동일한 죄상으로 관직에서 해임시켰다. 또 쇼인이 에도에 호송되기 전에 생가를 방문하게 배려를 해준 노야마 감옥의 옥리인 후쿠가와 사이노스케도 독단적인 결정을 사유로 해임시켰다. 안세이대옥을 단행한 에도 막부의 정책에 편승한 결과다.

하지만 막부 수뇌 이이 나오스케가 미토번의 낭인들에 의해 살해당하자 막부 정책은 쇼인이 동조한 미토번의 존왕양이 정책으로 전환되면서 안세이대옥의 희생자들에 대한 대사면이 이루어졌다. 쇼인과 가족들에 대한 사면도 이루어졌다. 다음 해 1863년 4월 1일 번정부는 부친과 형을 임관하고, 특히 형인 우메타로에게 쇼인의 유서를 비롯한 관련 자료를 모아 명륜관에 제출하게 하였고, 이 자료들을 독송하는 등의 교육시행도 명령하였다. 다음 날엔 결혼도 하지 않아 단절된 요시다 가문을 우메타로의 장남인 고타로(小太郎)를 양자가독으로 삼아 부활시켰다.

뿐만 아니라, 쇼카손주쿠 출신인 하급사무라이, 이리에 구이치, 야마가타 아리토모, 시나가와 야지로, 이토 히로부미, 노무라 와사쿠, 요시다 에이타로 등을 "쇼인에 사사해서 존왕양이의 대의를 준수한 사유를 들어 무사반열에 승격"시켰다. 이른바 쇼가손주쿠 출신들이 이후 메이지 정부에서 활약할 수 있는 기틀을 마련해준 것이다. 나아가 번국도읍을 하기에서 야마구치로 옮긴 이후인 1864년 5월에는 야마구치 명륜관에서 구스노기 마사시게(楠木正成, 1294~1336)를 받드는 제사를 거행하면서 무라타 세이후, 요시다 쇼인, 구루하라 료조를 함께 배향하였다. 여기의 구스노기는 남북조시대의 고다이고 천황의 친정체제에 헌신한 무장으로, 무로마치 막부를 개창한 아시카가 다카우지군과 미나토가와의 싸움에서 패배한 이후 자해한 패전 장수다.

문제는 그것이 도쿠가와 막부와 지방 번국이 통치하는 막번체제 아래 근세일본 지식계, 특히 운동론적 지식인들이 내건 대의명분과 더불어 역사상의 패배자인 남조정권에 정통성을 부여하는 학문과 사상에서 탄생되었다는 점이다. 특히 미토학으로 대표되는 주자학자들이 남조정통론에 동조하면서 일본역사상의 상징적 충신으로 영웅화하였다. 그 핵심 내용은 일본천황과 천황가에 대한 충성형태에 관한 것, 즉 주군인 고다이고 천황을 위해 장렬하게 순절한 구스노기를 현창하자는 학설이며 강령이었다.

이러한 강령이 하기번국에서도 번정차원에서 번주를 중심으로 실천되고, 그 기준에 맞는 무라타, 요시다, 구루하라가 함께 배향되며 받들어졌던 것이다. 그것도 관영학교인 명륜관이라는 교육장에서다. 여기에서 구스노기의 학문과 사상을 매개로 통합되는 요시다 쇼인과 번주 모리 다카치카와 천황제국가를 확립한 근대일본의 모습을 확인할 수 있다.

메이지유신 이후에도 번주 모리 가문과 야마구치현이 쇼인의 존왕양이론과 국체사상을 활용하면서 정치사회계는 물론 일본지식계까지 석권하려 한 사실은 1908년 10월 18일 도쿄 쇼인신사에서 열린 '요시다 쇼인 순절 50주년제' 기념행사와 1934년부터 1940년까지 걸쳐 야마구치현 교육회가 『요시다 쇼인 전집』 정본판 10권과 보급판 12권을 간행한 출판사업에서도 확인할 수 있다. 전집의 「요시다 쇼인 연보」에선 도쿄 쇼인신사에서 개최된 50주년제 행사에 "모리 모토아키(毛利元昭) 공작을 비롯하여 쇼인문하의 이토 히로부미와 야마가타 아리토모 등의 관련자가 참석하고, 신전에 32기의 등롱이 기진"되었음을 기록하고 있다.

하지만 보다 중요한 것은 이 행사에 정계·재계·학계에서 참가한 명예위원만 204명이었으며, 미야케 세스레이, 도쿠토미 소호, 이노우에 데쓰지로 등과 같이 요시다 쇼인에 관한 선행연구를 선도한 근대일본의 제국주의적 국가주의 지식인들이 총집합할 만큼 거국적인 모임이었다는 것이다. 그 속에 쇼인의 마지막 제자라 할 수 있는 노무라 야스시의 논문 「요시다 쇼인 선생의 진수」도 있었다.

단, 노무라가 제시한 요시다 쇼인의 학문과 사상의 진수는 제국주의적 국가주의와는 달랐다. 선행연구가 전하는 바에 따르면 노무라는 "선생은 진정한 국가의 인물(國士), 즉 일본의 국가적 인물로서 그는 주로 대외관계 차원에서 나라를 걱정했던 것이다. 이 결과로서 근왕(勤王)을 주창하기에 이르렀던 것으로 근왕을 우선해서 국가를 걱정했던 것이 아니다(30~32쪽)"라고 개인적 차원의 인물론을 전개했다. 이는 도쿠토미나 이노우에를 비롯한 주최 측이 고양시킨 국체론이나 양명학파와 같은 제국주의적 쇼인상과는 괴리가 큰 내용이었다.

이 단계에 이르면 요시다 쇼인의 학문과 사상에 입각한 근대일본의 여명기 역사를 재차 부감해볼 필연성이 발생한다. 따라서 여기에선 모두에서 거론한 의문, 즉 대일본제국과 제국주의 지식인에 의해 신격화된 요시다 쇼인과 쇼카손주쿠 문하생들이 어떻게 근대일본의 산업혁명에 공헌했는가를 확인해야만 할 것이다.

제4장 쇼인의 양명학적 가능성과
박은식의 국혼론

　대한민국 지식사회에서 요시다 쇼인이 사상가로 등장한 것은 박은식(朴殷植)의 『왕양명실기』가 최초다. 경술국치의 전후에 독립운동의 일환으로 집필되어 최남선이 창간한 「소년」에 게재된 『왕양명실기』는 경술국치로 기록된 역사적 좌절 앞에 도대체 왜 대한제국은 일한병합이라는 명목 아래 멸망해야만 했던가를 물었다. 그리고 대한제국이 독립국가로서 존속하기 위한 하나의 대안으로서 명나라 왕수인(王守仁)의 학문과 사상을 현창하면서 전통사상의 혁신을 제시하였다.

구미의 나라들은 모두 기독교를 가지고 사람 마음속에 있는 목표를 단단히 묶었고, 일본은 불교가 가장 유력하다. 그러나 메이지유신 이전에 공인된 사람 중에 시세의 변화를 주도한 사람인 나카에 도주(中江藤樹), 구마자와 반잔(熊沢蕃山), 요시다 쇼인(吉田松陰), 사이고 난슈(西郷南洲) 등은 모두 양명학으로써 후배들에게 모범을 보였고, 지금 저들 군인사회에서도 양명학을 일종의 신앙으로 삼았다. 그래서 일본군인의 가치가 이미 세계에서 함께 추앙받게 되었으나 어찌 한 점의 정신교육을 우리 양명선생이 내려준 것임을 알았겠는가?

이는 메이지유신을 거쳐 제국주의 열강으로 급부상한 근대일본의 정신적 원동력을 근세일본양명학에서 찾은 일본 학자들과 그들의 영향을 받은 근대중국의 양명학자 양계초의 저서와 사상을 활용한 것이다. 그렇게 그는 요시다 쇼인을 비롯한 근세일본의 양명학자들을 근대일본의 정신세계를 지탱하는 시대사상의 선구자, 또는 일본근대화의 원동력으로 규정하였다.

물론 양명학을 현창한 박은식의 주목적은 한민족의 독립국가 보전에 있었다. 그 목적을 달성하기 위한 일환으로 주자학적 유교에서 양명학적 유교로 개혁하자는 '유교구신론'을 주창하였는데, 그 배경에는 기울어가는 대한제국의 모습과 종교개혁부터 근대국가가 시작된다는 서양사적 시대인식이 있었다. 하지만 그의 유교구신론은 성공하지 못했고, 대한제국은 일본제국에 병합되었다.

박은식이 『왕양명실기』를 저술한 지 100여 년이 흘렀다. 그동안 대한제국은 일본제국에 병합되어 식민통치를 받으면서 민족 말살의 위기까지 직면했었다. 다행히 제2차 세계대전의 종말과 일본군국주의의 패전과 더불어 해체된 일본제국과 결별하여 대한민국이라는 독립국가를 이루었다. 분단 상황임에도 불구하고 대한민국은 눈부신 경제발전을 이루었다. 경제발전과 더불어 지식 세계와 국민 수준도 비약적 발전을 이루었다. 무엇보다 구미 선진제국의 다양한 문명과 학문을 직접 수용할 수 있게 되었다. 동시에 일본제국의 식민통치의 잔영인 일본적 학문 세계에서 벗어나 한국인들에 의한 한국적 지식 체계를 확립할 기틀을 마련하였다. 일본과 일본인에 관련된 일본학 분야에서도 상당한 연구 성과를 축적하였으며 연구활동도 활발히 진행되고 있다. 이런 학계 열풍에 부응하여 필자가 참여한 작업이 일본인에 관한 연구이며, 그 소재가 바로 요시다 쇼인이다. 그럼 21세기 벽두 대한민국에서 요시다 쇼인은 어떠한 인물로 회자되고 있을까?

최근 한국에선 일본수상인 아베 신조의 정책이나 정치사상과 결부시킨 요시다 쇼인의 관련 담론이 나름대로 성행하고 있다. 거기에선 2012년 취임한 이래 아베정권의 장기화가 진행되면서 우경화를 동반한 보수화를 우려하는 비판적 목소리가 높아졌는데, 그 보수화의 원류로서 쇼인의 학문과 사상이 종종 거론되고 있지만 거의 언론매체를 통한 대중문화의 범주에 속한다.

한편 언론매체에 비교하면 거의 불모지에 가까운 한국학계에서도 쇼인에 관한 연구는 진행 중이다. 다만 여기에선 일본 연구자들이 쌓아올린 근대적인 학문체계와 연구업적, 즉 근대지향적 세계관이나 자국중심의 민족주의사관, 또는 실증사학으로 대표되는 연구방법론 등과 같은 장벽 앞에 좌절하거나 시행착오를 거듭하고 있는 상황이다. 요컨대 많은 시간과 정열을 쏟아야만 반론할 수 있는 통설 앞에 우왕좌왕하면서 비판적 문제제기를 하고 있는 형상이다. 이러한 상황에서 존왕양이를 외친 국수주의사상, 천황제국가를 절대시한 국체사상가, 또 대한제국을 병합시킨 정한론의 원조나 세계제패를 꿈꾼 대동아공영권의 구상자라는 비판적 평가가 수용되었다.

한국사 연구자 이태진은 "요시다 쇼인은 정한론(征韓論)의 원조에 해당하는 인물임이 거듭 확인되었다. (중략) 내용적으로 그것은 '정한'을 넘어 일본천황의 동양대제국을 선도하는 '아시아웅비론'이라고 불러야 할 정도로 침략성을 강하게 내포한 것"이라는 역사적 평가와 더불어 "요시다 쇼인과 도쿠토미 소호가 만들어낸 근현대일본의 침략전쟁의 역사는 동아시아를 넘어 세계사의 중요한 장면들이 되었다. 그런데 (중략) 그들에 대한 한국학계의 고찰이 빈곤한 것은 어떻게 설명해야 되는 것인가"라는 학문적 과제를 제시하였다.

일본사 연구자인 필자에겐 정곡을 찌른 따끔한 지적이다. 다만 그 논고에서 집필 목적이 아베 신조가 수반인 자민당 정치의 보수적 우경화와 근대일본제국이 자행한 침략전쟁을 정당화하며 확산시킨 도쿠토미 소호의 사상적 전향을 비판하는 것에 있고, 그 비판을 정당화하기 위해 요시다 쇼인의『유수록』을 짧게 활용하고 있음을 확인해두고 싶다. 왜냐하면 거기서 인용된 문장은 한국 연구자는 물론 일본국가주의를 비판하는 진보지식인이 즐겨 사용하는 전매특허와 같은 것으로 그 실체는 모두에서 서술한 바와 같다.

도쿠토미 소호는 1893년『요시다 쇼인』과 1908년 개정판『요시다 쇼인』을 연이어 출간했다. 근대일본학계에서 누구보다도 체계적으로 요시다 쇼인을 역사적 영웅으로 현창한 인물이다. 이 두 저서에서 그가 제시한 학문적 평가는 동일하지 않았다. 쇼인에 관한 선행연구를 총망라해서 정리한 다나카 아키라의『요시다 쇼인』에 의하면 전자에서 메이지유신에 버금가는 제2의 유신을 가탁할 수 있는 '혁명가로서 쇼인'상이 제시되었지만 그것이 후자에선 말끔히 사라지고 그 대신 '쇼인과 국체론' '쇼인과 제국주의' '쇼인과 무사도'라는 근대일본의 천황제국가가 추구하는 부국강병과 해외팽창을 결부시킨 '세계웅비론자 쇼인상'을 탄생시켰다. 그 배경에는 도쿠토미의 사상적 전향이 있었다.

"텐포의 노인과 메이지의 청년" 또는 "신민이 아닌 국민"의 창출을 표방하던 평민주의자 도쿠토미 소호가 청일전쟁을 계기로 "팽창이란 다른 나라를 침략하는 것을 말하는 것이 아니다. 일본국민이 세계에 웅비하고 세계를 향해서 대의를 펼침에 있을 뿐"이라고 외치는 제국주의 이데올로그로서 급선회한 사상적 전향이 있었다.

청일전쟁을 계기로 일어난 변화인데, 그런 도쿠토미의 선동적인 학문 연구와 더불어 대한제국은 국권을 상실해가고 끝내 일본제국에 병합된다. 그런 망국의 현실을 한탄하면서 박은식은 『왕양명전기』를 집필하였고, 그 과정에서 일본양명학의 가능성과 더불어 요시다 쇼인의 가능성도 언급되었다. 박은식은 일본양명학에서 무엇을 어디까지 기대했던 것일까? 아니, 양명학자 요시다 쇼인의 학문과 사상에서 무엇을 읽어내고자 했던 것일까? 도쿠토미가 제시한 양자 중에 어느 쪽이든 해당된 곳이 있을까?

여기서 확인해야 할 것은 도쿠토미가 탄생시킨 해외팽창과 일본웅비론의 선구자라는 쇼인상이 1934년 시작하여 1940년에 완간된 이와나미서점의 『요시다 쇼인 전집』 정본과 『요시다 쇼인 전집』 보급판의 간행에 의해 대중적인 지위를 확보하면서 전후 일본역사학계는 물론 21세기 일본지식사회 전반에서 여전히 건재할 뿐만 아니라, 오히려 확산 일로로 치닫고 있다는 것이다. 그동안 『요시다 쇼인 전집』은 1974년 야마토서방과 2001년 마스노서점에서 거듭 출판되면서 요시다 쇼인의 열풍을 고조시켰다.

일본에선 보수우익 계열의 민족주의 지식인들만이 요시다 쇼인을 연구하고 활용한 것이 아니다. 오히려 비판적인 역사의식을 표방하는 진보계열의 선행연구에서 더욱 두드러진다. 이들은 아베 신조가 수반인 자민당 정권은 물론 근대일본의 천황제국가를 비판하는 학문적 이데올로기로 요시다 쇼인의 초상을 끊임없이 창출하였다. 전후 일본학계에서 대표적인 쇼인 연구자, 즉 나라모토 다쓰야와 후지다 쇼조, 다나카 아키라와 모토야마 모토히고, 기리하라 겐신과 스다 쓰토무 등의 선행연구는 하나같이 도쿠토미의 쇼인상을 극복하겠다는 문제의식을 내걸면서 각기 나름대로 논리 전개를 펼쳐왔다.

하지만 이방인인 필자가 21세기에 확인한 것은 도쿠토미가 창출해낸 국체사상과 제국주의와 해외팽창이라는 골격적 범주를 크게 벗어나지 않는 방법론과 거의 흡사한 결론, 그리고 다른 하나는 도쿠토미와 동시대에 쇼인을 현창한 철학자 이노우에 데쓰지로를 비롯한 양명학자들이 부각시킨 양명학자로서의 쇼인의 초상이 크게 왜소화되었다는 현실이다. 환언하면 동북아시아의 보편적이었던 전통사상인 유학사상에 입각한 쇼인상은 거의 퇴색하고 근현대일본의 국세를 반영한 민족주의자 쇼인상만이 눈에 띄는 형상이다.

이와 같은 형상은 가장 대중적 차원에서 최근에 집필되었다고 볼 수 있는 인터넷 일본어판 위키피디아가 편집 중인 인물소개 「요시다 쇼인」에서도 확인할 수 있다. 거기에선 양명학의 영향을 받았다는 사실보다 역설적으로 쇼인 등을 매개로 확립된 근대일본양명학이 당대 중국 지식인들에게 영향을 끼친 것을 부각하고 있다. 참으로 아이러니한 현상이다. 하지만 생각해보면 대한제국의 박은식이 청나라 양계초와 더불어 일본양명학 속에서 대한제국의 전통사상인 유학과 유교 사상을 혁신할 가능성을 추구했던 사실을 이해할 수 있는 소재이기도 하다.

위키피디아의 「요시다 쇼인」에 양명학자라는 평가는 희미하다. 거기에선 "일본의 무사·사상가, 교육자·야마가류 병학사범, 일반적으로 메이지유신의 정신적 지도자·이론가·토막론자로 알려져 있다. 사숙인 쇼카손주쿠에서 나중에 메이지유신에서 중요한 역할을 하는 많은 젊은이에게 사상적 영향"을 주었다고 소개한다. 그리고 쇼인의 사상적 특징으로서 4개의 항목, 즉 근대일본의 절대적 천황제국가가 추구했던 일군만민(一君萬民)·초망굴기(草莽屈起)·대외사상·비이장목(飛耳長目)을 들고 있다. 마지막 비이장목은 긴 안목을 갖고 하늘을 날듯이 폭넓게 정보를 수집한다는 의미로, 이와 같은 학문적 방법을 노야마 감옥과 쇼카손주쿠에서 제자들에게 자신이 행한 여행 경험을 활용하면서 가르쳤다는 설명이다. 설득력이 있다.

하지만 나머지 3개의 특징들은 모두 글쓴이의 주관적인 확대 해석이다. 적어도 필자가 확인한 바로는 그렇게 말할 수 있다. 문제는 그런 확대해석을 대한민국의 대중문화는 물론 지식사회에서도 그대로 필사하고 있다는 것이다. 모두의 문제제기에서 서술한 『두산백과』의 쇼인 소개는 전형적인 사례이며, 2013년 모방송국에서 아베 신조의 자민당 정권을 비판하기 위한 일환으로 요시다 쇼인을 거론한 것은 전형적인 한국 대중문화의 현주소다. 특히 대외 관계는 한국학계 연구자들이 즐겨 활용하는 전매특허이기도 하다.

그러나 거기에는 박은식이 제시했던 양명학적 대안은 물

론 박은식이 극복하고자 했던 전통사상인 성리학에 입각해서 요시다 쇼인을 비판한 연구를 찾아볼 수가 없다. 일본국과 일본 정치권력을 비판하는 목소리가 난무하는 혼란 속에 요시다 쇼인의 학문과 사상이 남용되고 있다는 것이다. 그것도 근현대일본의 민족주의자들이 창출한 쇼인의 초상을 마치 자기가 발견한 연구업적인양 발신하고 있다는 것이다. 여기에 곰곰이 생각해봐야 할 것이 있다. 그것은 요시다 쇼인의 학문과 사상을 동원하여 아베 신조와 자민당 정권을 비판하면 한국인으로서 어떤 긍지를 느낄 수 있고, 대한민국의 미래 청사진에 어떤 꿈(夢想)을 가탁할 수 있을까 묻지 않을 수가 없게 된 현실이다.

이 단계에서 필자는 방법적 우회론을 제시하고 싶다. 그것은 1945년 패전 이후 새롭게 출발한 일본국의 지식사회와 역사학계에서 창출한 요시다 쇼인의 역사적 평가를 재조명해야 된다는 필연성이다. 나아가 근대일본 지식사회가 쌓아 올린 학문적 업적이 무엇인지 구체적인 검증은 물론 그들이 논거로 제시하고 있는 역사적인 자료에 대한 검토가 반드시 대한민국의 연구자에 의해 이루어져야 한다는 당위성을 제시하고 싶다.

이 책을 마무리하는 단계에서 필자는 양명학적 가능성에

집착하고 싶다. 왜냐하면 박은식이 제시한 한반도 한민족의 민족주의와 그 민족주의의 보편성은 여전히 살아 있다고 확신하고 있기 때문이다. 그가 제시한 양명학적 가능성은 사라진 것이 아니다. 그것은 일본제국 식민시대의 압제하에 민족주의적 실학사관으로 변형되어 발전했다. 그리고 그 실학사관은 분단국가 대한민국의 건국 이래 교육계를 포함한 지식사회에서 맹위를 떨쳐온 것도 사실이다.

그럼에도 대한민국 학계는 근대일본 지식인들이 창출해낸 학문과 사상을 체계적으로 연구하려 하지 않는다. 극히 부분적인 학설에 편승하여 비판적 연구를 양산하면서 대한민국 지식사회를 고립시키고 있다는 생각마저 들게 한다. 적어도 요시다 쇼인에 관한 연구에 입각하면 그렇다. 왜 그럴까? 아니, 왜 그런 현상이 지속되는 것일까? 필자는 대한민국과 한반도에는 보편적인 민족주의적 학문관이 결여되어 있기 때문이라 생각한다.

21세기 지구상에 존재하는 국가 중에서 민족 또는 국가 단위의 패권주의를 방기한 나라가 있을까? 거슬러 올라가면 근대 세계역사에서 패권주의를 포기하여 패권주의에 희생되지 않은 나라가 존재했던가? 나아가 패권주의를 방기한 나라가 독립국가로서 존속한 적이 있는가? 묻지 않을 수 없다. 그럼에도 대한민국의 지식계에선 한민족의 독립국가를 지향하기보다 근대일본의 패권주의를 비판하는 데에 모든 정력을 쏟고 있다. 그것은 일본제국이 패전한 지 70여 년이 지난 오늘날에도 여전하다.

그러면서 한편에선 한국적 민족주의를 작은 목소리로 외친다. 어째서 대한민국 지식인들은 큰 목소리로 한반도의 민족주의를 외칠 수 없는가? 당면한 과제다. 여기서 필자는 동북아시아의 보편적 전통사상이었던 유학사상에 입각해서 근현대일본은 물론 전근대인 근세일본의 유학사상을 재조명할 것을 재차 제기한다. 특히 그 소재로 이노우에 데쓰지로의 유학 3부작, 특히 『일본양명학파의 철학』의 문제의식을 들고자 한다.

1900년에 출간된 『일본양명학파의 철학』의 문제의식은 구미열강의 제국주의 패권경쟁에 대한 대항의식이다. 같은 해 파리만국박람회의 일환으로 개최된 동양학회에 출석하여 「일본의 철학사상의 발전」을 강연하고 돌아온 이노우에가 당시 일본천황제국가가 지향하고 있던 도덕국가의 연원을 밝힐 필요성에서 저술한 것이 위의 저서이다. 여기서 이노우에는 구미열강의 공리주의에 초점을 맞췄다.

서문에서 근세일본의 지식사회에서 전개된 주자학과 고학파와 양명학파를 차례로 언급한 후에 일본양명학의 의의를 현창한 일환으로 서양의 "공리주의는 사욕으로 인도하는 가르침으로 우리나라(일본)가 종래부터 신성하게 여기는 심덕(心德)을 오염시키는 것이며, (중략) 그들의 이기주의에 이르러선 참으로 유해무익"한 것이라 규정하고, 일본의 "국민적 도덕심의 정결무비한 자세를 현현하고 세계 만국의 눈을 현요"시키고자 한다고 명확히 서술하였다.

그 위에 북청사변이라 일컬어진 중국 의화단사건을 진압하기 위해 북경에 진주한 제국열강으로 구성된 연합국 군대의 진주형태에 의거해서 "약탈을 마음껏 자행하지 않고 포악을 거침없이 행동하지 않고 엄숙하게 우리 국민적 도덕심을 현현함"이 "우리 군대가 잘 이채를 발산"할 수 있었던 정신력이라 부각시켰다.

나아가 본론에선 주자학과 양명학의 차이를 역사적인 발전단계론에 입각해서 전개하였다. 요컨대 그것은 전후 일본 역사학에서 확인할 수 있는 학설, 이른바 근세 무가사회의 봉건교학설에서 근대 천황제국가의 국민도덕론을 뒷받침해 줄 일본양명학이 창출되었던 것이다. 그 과정에서 "나카에 도주, 미와 싯사이, 나카네 도리, 가스가 센안, 구마자와 반잔, 오시오 주사이, 사쿠마 쇼잔, 요시다 쇼인 또는 사이고 다카모리"가 일본양명학을 대표하는 학자로서 현창되었다. 여기까지 오면 『왕양명실기』에서 박은식이 일본양명학을 거론한 배경과 의의를 짐작할 수 있을 것이다.

하지만 지난 100여 년간 한반도 지식사에서 양명학적 요시다 쇼인을 구체적으로 거론한 사례는 찾아보기 어렵다. 그런 지식사회의 끝머리에 상기한 『두산백과』의 쇼인의 초상이 존재한다. 그럼 한국사회에서 양명학자 쇼인, 아니 박은식이 거론한 양명학자 쇼인은 학문적 연구대상으로서 가치가 없는 것인가? 그 실마리를 한국과 일본에서 전개된 양명학연구에서 찾을 수 있다.

21세기인 오늘날 한국양명학회에서 한국 연구자에 의해 거론된 요시다 쇼인에 관한 학문적 연구는 100년 전에 제시된 박은식의 문제의식과 연구 수준을 뛰어넘지 못하고 있다. 1911년 서간도로 망명한 박은식이 독립운동의 일환으로 집필한 역사소설에서 다음과 같이 부르짖었다.

과거 100년 전에 서양의 여러 나라에서는 정치압제와 종교압제가 극심하고 맹렬하였지만 루소같은 이는 만 가지 고생을 무릅쓰고 「민약론(民約論)」을 크게 부르짖어 혁명의 도화선이 되었으며, (중략) 400년 전에 중국학계에서는 주자학(朱子學)의 세력이 광대하고 심히 굳건하였지만 왕수인(王守仁)이 천하의 비방을 무릅쓰면서 양지학(良知學)으로 사기를 진작하였으며, 50년 전에 일본에서는 막부(幕府)의 무력적 탄압이 강력하고 엄혹했지만 길전구방(吉田矩方)은 한 몸의 생명을 던져 대화혼(大和魂)를 주창하여 유신의 기초를 세웠는데 어찌하여 조선에서는 열혈아(熱血兒)가 없어 정치혁명도 못하고 학술혁명도 못하였는가?

(「夢拜金太祖」, 『白巖朴殷植全集』 제Ⅳ권, 동방미디어, 2002. 195쪽)

인용문 중의 길전구방이 바로 요시다 쇼인이며, 대화혼이란 일본영혼 내지 일본정신이라는 의미이며 일본어론 '야마토 다마시이'라고 읽는다. 환언하면 민족주의 정신에 산화한 요시다 쇼인의 학문과 사상이 메이지유신의 원동력이며, 그런 민족주의 정신이야말로 중국에서의 양명학, 나아가 서양에서 인민주권을 획득한 혁명정신과 이어지는 보편적 시대사상이라는 구도다. 이른바 민족주의를 함축한 세계사적인 보편사상이야말로 독립 국가를 보전할 수 있고, 나아가 혁명과 같이 사회체제도 혁신할 수 있다는 확신이다. 이런 확신과 대비된 것이 대한제국의 멸망이며, 그렇게 "국가와 민족이 멸망해가고 있는데, 이를 수수방관하면서 자신의 몸만을 거두어 도피"하는 학자들이었다.

박은식이 1915년 『한국통사』에서 그 유명한 "국혼(國魂)은 살아 있다. 국교·국학·국어·국문·국사는 국혼에 속하는 것이요, 전곡·군대·성지·함선·기계 등은 국백(國魄)에 속하는 것으로 국혼의 됨됨은 국백에 따라서 죽고 사는 것이 아니다. 그러므로 국교와 국사가 망하지 아니하면 국혼은 살아있으므로 그 나라는 망하지 않는다"(『白巖朴殷植全集』제1권』)라고 절규해야만 했던 것도 수수방관하는 지식인들을 향한 것이다.

이를 1859년 죽음의 눈앞에서 쇼인이『유혼록』에서 "일신은 비록 무사시의 들판에서 썩을지언정 남겨두고픈 야마토다마시이(大和魂)"라고 절규했던 문구와 대비시켜보면 거의 흡사한 구도를 확인할 수 있다. 다시 말하면 박은식은 대화혼이라는 민족주의정신을 이해하고 활용했다는 것이 된다. 뿐만 아니라 일본제국에 병합당하기 이전인 1909년 1월 "장차 올 21, 22세기는 동양문명이 크게 발달할 시기다. 우리 공자의 도가 어찌 끝내 땅에 떨어지겠는가. 장차 전 세계에 그 광휘를 크게 드러낼 때가 있을 것이다. 오호라! 우리 대한의 유림이여!"라고 호소한 박은식의「유교구신론」(『서북학회 월보』제10호, 국사편찬위원회, '인터넷역사')도 있었다.

동북아시아 유학사의 차원에서 쇼카손주쿠의 문하생들과 대한제국의 유림에 각기 가탁된 희망에서 유사성 내지 공통성을 발견할 수 있다. 그것은 대단히 어려운 극한적인 상황에서도 학문을 매개로 맺어진 제자 또는 동지에게 자신의 몽상을 가탁하는 형태인데, 이러한 학문형태야말로 동북아시아 역사를 관통했던 유학과 유교 사상의 전통적인 방법론이 아니었던가? 공자·맹자·주희·육구연·왕수인·정도전·요시다 쇼인까지, 그들이야말로 당대사회의 문제점을 지적하고 학문과 사상을 통한 사회 혁신을 이룰 수 있다는 몽상에 산화한 인물이 아니었던가?

『왕양명실기』를 한글 번역한 역자는 해설에서 "「유교구신론」이란 사실상 사회진화론의 영향으로 주자학적 유교를 양명학적 유교로 개혁하고자 한 것이다. 박은식은 자강의 방편으로 민지계발과 식산흥업을 들었는데, 종국에는 식산흥업도 사람이 하는 것이므로 민지계발에 더 큰 역점을 두었다. 여기서 민지는 주로 과학기술과 관계된 지식이지만, 그의 학문적 관심은 실용학문에만 있는 것이 아니라, 인격수양인 민덕을 높이는 수단으로서 종교를 중시"한다 하며 박은식의 학문사상의 핵심내용을 도덕과 교화, 즉 종교적인 측면으로 옮겨갔다(21쪽).

그 위에 "1910년이라는 시대의 절박성에 비추어볼 때 아무리 유교를 양명학으로 새롭게 변화시킨들 유교적 토대가 상실된 마당에 그것으로 나라를 구한다는 것이 과연 가능한 일인지 생각해볼 문제"(28쪽)라는 회의적 선행연구도 소개했다. 또 "양명학으로 유교를 개혁하여 국가 종교로 삼아야 한다는 의도는 주자학적 전통이 짙게 드리워져 있던 조선사회에서 최초의 주장"이라며 역사적 자리매김을 해놓고 나선 "비록 한국 양명학의 명맥을 유지한 강화학파가 없었던 것은 아니지만, 이들은 드러내놓고 유교개혁을 주장할 수 없었고, 그러한 기회도 주어지지 않았다"고 단정도 했다.

결국 "그것은 과연 현대화할 수 있는가"라는 질문 속에 박은식의 양명학은 상대화되었다. 국권을 빼앗기고 나라를 병합당하는 역사현장을 지켜보면서 한 지식인이 절규하듯 집필한 학문과 사상이 일본적 양명학을 수용하였다는 명분 아래 애시 당초부터 주자학을 극복할 가능성이 없었다는 취지의 결론에는 동의할 수가 없다. 이상과 같은 도식적 구도를 적용해선 학문과 사상은 결코 발전할 수 없기 때문이다. 적어도 이 책의 주제인 요시다 쇼인의 학문과 사상을 부감해본 필자에겐 그렇게 보인다.

이 책에서 논증하듯이 쇼인은 해안 방위를 비롯한 국토보전을 책임지는 병학자이며, 유학사 차원에서 보면 그는 성리학자이지 결코 양명학자가 아니다.

근대일본양명학의 산파역할을 한 이노우에 데쓰지로가 『일본양명학파의 철학』에서 쇼인을 소개할 때도 "반드시 요

강학파로 한정시킬 수 없지만 그래도 역시 요강학파에 가깝다(必ずしも姚江に限らずと雖も亦甚だ姚江に近し)"라고 전제하면서 양명학파 범주에 포함시킨 인물이다. 그리고 그 근거로 "내가 일찍이 왕양명의 『전습록』을 읽고, 매우 의미가 있음을 각성하였을 무렵 『이씨분서(李氏焚書)』를 얻었다. 또 양명학파의 말들은 마음(心)에 해당한다. 향후 매일같이 부지런히 익혀서 『선심동차기(洗心洞箚記)』를 활용하여 오시오 주사이 또는 양명학파를 이해(取觀)할 것이다. 나는 오로지 양명학만을 학습하지 않는다. 단 그 학문의 참됨은 왕왕 나의 참됨과 만날 뿐"이라는 쇼인의 문장과 쇼카손주쿠의 문하생인 다카스기 신사쿠가 양명학을 선호하여 『전습록』 뒤에 이탁오와의 관련을 기록했다는 것뿐이다.

그 외에 쇼인의 저서명을 나열한 이노우에는 쇼인의 짧은 산문인 『칠생설(七生說)』과 문하생에 보낸 서간을 활용하면서 "호걸의 사생관으로 매우 통쾌한 것"이라 현창하고 "국가가 어려움이 많은 시기에 태어나 마음을 정사에 쏟느라고 조용히 학리(學理)를 강구할 여유를 갖지 못했다. 불과 29세에 사형(大辟)을 당한 사정으로 시무에 관한 논저는 많지만 학리를 구현했다고 할 만한 것은 거의 드물다"는 아쉬움도 덧붙였다.

위의 인용문 중의 저서명에만 주목하면 쇼인은 양명학자

인 것처럼 보인다. 하지만 자세히 살펴보면 양명학도 열심히 학습하겠다는 내용이다.

뿐만 아니라 이노우에가 전문을 수록한 『칠생설』에서 14세기 고다이고 천황을 위해 싸우다 순절한 충신인 구스노기 마사시게와 17세기 명나라 멸망과 더불어 일본에 망명해와서 주자학의 확산에 일조하고 그 일환으로 구스노기를 현창한 주순수(朱舜水)에 쇼인이 자신의 세계관을 투영시킨 것을 확인할 수 있는데, 그것을 깨닫게 해준 것이 이기(理氣)설과 우주유일의 천리(天理)라는 설명이다.

다시 말하면 성리학의 대의명분론에 입각한 충신론에 쇼인이 감동하며 동참했다는 주장인데, 이러한 충신론의 현창은 주순수를 초빙하여 독자적인 학풍을 세운 미토학이 창출한 역사관이기도 하다. 요컨대 주자학자 또는 성리학자라고 단정할 수도 있는 요시다 쇼인을 이노우에 데쓰지로는 양명학자로서 현창했던 것이다. 이것이 근대일본양명학의 출발이며 현주소이기도 하다.

이노우에의 쇼인론의 선구(先驅)에 도쿠토미 소호의 『요시다 쇼인』이 있다. 이들이 쇼인 사후 50주년 행사에 함께 참석하여 근대일본의 국가주의를 고양시킬 수 있었던 배경도 여기에 있다. 요컨대 근대적인 학문관 위에 해석과 해석을 거듭한 위에 정립된 요시다 쇼인의 초상이다. 이와 같이 정립된 민족주의적 양명학자 쇼인의 초상이 근현대 일본학계를 석권하고, 대한제국과 청나라 지식인에게까지 전파되었던 것이다. 물론 그것은 각기 당시대의 세계사적 상황이 반영된 것이다.

문제는 그다음이다. 도쿠토미와 이노우에 이후에 전개된 요시다 쇼인과 양명학에 관한 선행연구이다. 다나카 아키라가 정리한 선행연구에 따르면 쇼인의 사후 그에 대한 역사적 평가는 근대일본의 제국주의적 팽창에 따른 사회상황의 변화와 더불어 끊임없이 변화했다. 그 연속선상에 오규 시게히로의 일본양명학연구가 있다.

20세기 후반 일본양명학 연구의 최고봉이라 평할 수 있는 오규는 1998년 경상대학교에 와서 「일본의 근대와 양명학」을 발표했다. 여기서 그는 "양명학이 메이지유신을 선도"했다는 동아시아적 통설에 주의할 필요가 있다고 지적한다. 그리고 생사를 초월했다는 일본무사도와 양명학을 중첩시키는 것도 만류한다. 나아가 양명학을 이법주의와 심법주의로 나누거나 본질이나 아류로 구분하는 연구방법에도 반대한다. 왜냐하면 선행연구의 전체적 경향에서 보인 전자가 중국, 후자가 일본의 양명학이라는 이분법적 특징이 결국 자기학문의 정통성을 주장하는 함정에 빠지는 것을 확인했기 때문이다.

그가 제시한 것은 국가 단위의 구분이 아니라 근대 이전의 전통사회의 양명학과 근대 이후의 양명학으로 나누어 각기 특징을 연구하는 방법론이다. 그 배경엔 사회진화론에 입각해서 전근대에서 근대로, 주자학에서 양명학으로, 중국적 양명학에서 일본적 양명학으로 진보했다고 믿는 종교적 신앙과도 같은 절대적인 국가주의 또는 자국중심의 역사관이 있었다. 그것을 반영한 대중문화의 횡행도 있었다.

이를 환언하면 근대일본의 양명학 연구는 물론 1945년 이후에 전개된 한·중·일 삼국의 연구 경향도 근대화 내지 민족주의라는 시각에서 전개된 연구결과이며, 자아반성 내지 자화자찬을 위한 양명학 연구로 전락했다는 사실인식이다. 근세일본의 양명학자 오시오 주사이 연구에 오랫동안 매진해온 오규는 오시오나 명나라 이탁오의 양명학에서 확인했다는 혁명사상도 사실은 전후 일본역사학의 픽션에 불과한 것이며, 또 양명학에서 근대성을 확인하고 주자학적 사고의 해체에서 양명학의 성립을 주장하는 도식은 동북아시아의 유교적 지식인들이 공동으로 만들어낸 '소설 같은 이야기'라고 확신했고, 그 대안으로 근대일본양명학이 체계화한 관청(惡)과 민간(善)이라는 대립구도가 아닌 양자가 진보에 의해 하나가 되는 상황을 상정하였다.

그 위에 근세양명학과 단절한 근대양명학을 독자적으로 구상할 것을 주창했다. 그 구상안에 한국양명학도 편입되었다. 그는 박은식이나 최남선에 관한 연구도 병행하여 나름대로 큰 성과를 거뒀는데, 근대한국에도 이법주의인 중국과 달리 심법주의 양명학이 존재했다는 주장을 하였다. 그 근거가 바로 박은식의 역사소설 「몽배금태조」이다. 이른바 요시다 쇼인에 심취한 박은식의 양명학이며, 동시에 근대일본양명학이 표상한 양명학이기도 하다.

오규의 양명학을 한국에서 재차 확인해준 사람은 사와이 게이이치다. 2009년 강화양명학 국제학술대회 발표 논문 「근대일본에 있어서 양명학의 변용」에서 우선 이미 고인이 된 오규 시게히로의 양명학 연구업적과 연구 사상의 의의를 간략히 개괄하며 의미를 부여했다. 그리고 1893년 도쿠토미 소호의 『요시다 쇼인』과 미야케 세쓰레이의 『왕양명』의 출간을 언급한 후에 1897년 『육상산』과 98년 『철학대관』을 저술한 육왕학자 다케베 돈고를 소개했다.

다케베는 도쿄대 철학과에서 이노우에 데쓰지로에게 사사한 이후 대학원에서 사회학을 전공하여 독일과 프랑스에 3년간 유학까지 다녀왔다. 그가 대학원에 진학한 이후 출간된 두 저서에는 미야케 세쓰레이와 이노우에의 서문이 붙을 정도로 양명학파의 어엿한 일원이 되어 있었다. 유학생활을 마치고 귀국한 다케베는 『보통사회학』이라는 제목 아래 『사회학서설』 『사회이학』 『사회정학』 『사회동학』을 순차적으로 출판하여 일본 사회학의 확립에 공헌하게 된다. 첫 번째는 사회학 전반을 다룬 개설서이며, '정학'은 사회발생론·회체제론·사회운영론이라는 항목, '동학'은 사회진화론·사회이상론·문명론을 다룬 저서다.

여기서의 핵심은 두 번째 '이학'이다. 우주·사람·이법이라는 「보편원리」와 존재·진화라는 「보편원칙」, 게다가 사회의 요소·규정·동인이라는 「특수원리」와 사회의 성립·발달이라는 「특수원칙」이라는 내용이 구성되어진 『사회이학』에 다케베는 왕양명의 학문과 사상을 편입시켰다. 그것도 왕양명과 육상산은 물론 정명도와 주돈이를 넘어 공맹유학의 도통을 잇는 정통학문이라는 자리매김과 더불어 양명학은 근대적 사회학이라는 명분과 지위를 동시에 획득했던 것이다.

뿐만 아니라 사회학의 역사적 전개를 고찰하기 위해선 역사·철학·인류학·국가학·경제학 등이 필요하다고 열거하면서 제일 먼저 유교를 들었다. 유교와 사회학은 거의 동일한 과제에 직면해 있기 때문에 20세기 학문이 되기 위해서는 반드시 유교를 탐구해야만 한다고도 했다.

환언하면 다케베의 양명학은 사회진화론에 의한 우승열

패나 사회체제론에 의한 혁명이론 등을 자연스럽게 통섭한 사회사상으로 변모해 있었다. 그 과정에서 사회란 두 사람 이상의 인간으로 구성되는 협동생활체지만 가족·씨족이라고 하는 자연적 사회에서 부락·사회·국가라고 하는 인의적 사회로 진화해온 것이다. 나아가 근대일본의 천황제국가가 지향한 정치사상이기도 했던 유교적 국가주의가 수긍되는 것은 수신·제가·치국·평천하라고 하는 도덕적 행위의 연속 선상에 정치적 행위를 규정하는 윤리규범에 대한 이해가 있기 때문이라는 유교이해가 있었기에 가능했다는 논리도 설득력이 넘친다.

결국 사와이 발표의 핵심은 "사회학이라는 이름의 양명학"에 귀결되지만, 이러한 학문적 성과를 한국학계에선 어떻게 받아들여야 할까? 아니 받아들일 수 있을까 묻지 않을 수 없다. 적어도 요시다 쇼인의 연구자로서.

답은 역시 박은식의 양명학이다. 그는 『양명학실기』를 다음과 같이 마무리했다.

(세속의 유학자들은) 주자와 양명 이론의 같고 다름이 매우 단단하여 그 논의를 그칠 수 없다고 한다. 그러나 금일에 이르러 이러한 같고 다름의 변론은 모두 무익하여 더 이상 묻지 않는

것이 옳을 것이다. (중략) 주자는 여러 사물의 이치를 궁구하여 얻는 것을 앎의 지극함으로 여기고, 왕양명은 본심의 양지를 이루어 얻는 것을 앎의 지극함으로 여겼다. 그러므로 주자의 앎을 이루는 것은 후천적인 앎이요, 왕양명의 앎을 이루는 것은 선천적인 앎이니, 선천과 후천이 원래 서로 떨어져 있는 것이 아니다. 주자가 언제 본심의 앎을 버렸으며, 왕양명이 언제 물리에 대한 앎을 버렸는가? 다만 입각한 곳에 멀고 곧바른 차이가 있을 뿐이다.

(박은식, 이종란 옮김,『왕양명실기』, 한길사, 2010, 347쪽)

주자학과 양명학을 이항대립으로 분류하여 각기 정통성을 확인하는 학문 방법이 아니라 선천적인 앎과 후천적인 앎의 합일을 통해서 21세기는 물론 22세기까지 꽃피울 수 있는 보편적 유학사상을 꿈꾼「유교구신론」의 의미를 확인할 수 있는 마무리다. 다만 그의 몽상에 비해 현실은 훨씬 비참했다. 같은 마무리에서 "우리가 태어난 오늘날과 같은 사회는 사물이 날로 복잡하니 각종과학에 우리가 모두 종사하지 않을 수 없다. (중략) 지금 간단하고 쉽고 진실하고 절실한 방법으로 인도하지 않으면 배우는 자들"이 오지 않을 것을 두려워해야 한다는 양계초의 현실 인식과 "오직 왕학이 오늘날 학계의 독일무이(獨一無二)한 양약"이라는 결론도 그대로 인용했다.

이른바 밀물처럼 밀려오는 서구열강의 과학문명 앞에 돈좌하는 중국의 전통적 학문체계를 목도하면서 양계초는 무엇보다 당대 중국인들이 받아들일 수 있는 전통학문을 재구성하면서 양명학을 제시했던 것이다. 그가 일본양명학을 현창한 다음에 바로 "우리가 금일에 정신교육을 찾을 때 이것을 버린다면 다시 어떤 것이 있을까? 자신들에게 무진장 있는 가치를 던져버리고 깡통 들고 대문을 돌아다니며 구걸하는 거지아이를 본받으니 참으로 애석한 일"(307쪽)이라 한탄한 배경도 여기에 있다.

양계초가 1905년 상해에서 요시다 쇼인의 글을 모아 초록한 『쇼인문초(松陰文抄)』를 출판하였고, 박은식이 『왕양명실기』를 집필함에 양계초의 『덕육감』만을 활용한 것이 아니라 다카세 다케지로의 『양명상전(陽明詳傳)』을 크게 참조하였다는 지적도 일본인 연구자에 의해 제출되었다. 여기서 박은식과 양계초와 요시다 쇼인으로 이어지는 양명학파의 계보를 확인할 수 있다. 중요한 것은 그 양명학파 계보의 실체가 근현대일본의 양명학 연구가 확립한 통설, 즉 '주자학에서 양명학으로' 발전했다는 역사적 평가와는 괴리감이 존재한다는 사실이다. 이들은 구미열강의 동점과 더불어 촉발된 동북아시아의 격동적 근대화과정에서 파생되는 문제점을 해결

하기 위한 해답을 전통사상에서 찾고자 했던 것으로 보인다. 박은식이나 양계초의 양명학에서 확실히 확인할 수 있고, 요시다 쇼인에서는 성리학적 학문과 일본전통을 강조한 국체론과 같이 독자적인 학문과 사상에서 확인할 수 있다.

특히 일본의 전통사상과 성리학의 보편사상과 서양의 과학문명이 갖춘 보편성에 눈뜬 요시다 쇼인의 세계사적 보편사상은 일본사상사학회를 비롯한 일본역사학계는 물론 그런 근현대일본학계의 연구방법과 결론을 거의 그대로 추수해온 동북아시아 지식인들에게도 이의 제기를 할 수 있을 만큼의 가치가 있다고 확신한다. 왜냐하면 그동안 근대적인 양명학이 형성되고 발전한 역사가 엄연히 존재했음에도 그런 양명학이 좌절하거나 주자학 일존주의의 횡행에 의해 중국과 한국이 근대화에 실패했다고 목소리를 높이는 한편, 일본에선 주자학을 극복한 양명학자들에 의해 메이지유신과 근대화에 성공했다고 자화자찬에 여념이 없는 일본학계의 지식 상황을 부감하고 있노라면 자연스럽게 치밀어 오르는 의구심이 형성되기 때문이다.

특히 양명학을 사문난적이라 이단시하며 궤멸시킨 교조적인 주자학자들이 각기 당파를 이루어 권력 싸움에 여념이 없었다는 취지로 한국유학사를 기술하면서 평가절하하는 일본인 연구자들에게 언젠가는 꼭 물어보고픈 질문이기도

하다. 일본학계의 통설대로 '요시다 쇼인은 양명학자인가요'
라고.

그리고 박은식의 양명학에서 신채호와 정인보를 거치면
서 실학사상으로 재구성되어 대한민국을 근대화시킨 상징
으로 현창된 실학과 실학사상을 요시다 쇼인의 학문과 사상
에 대비시켜보는 연구도 전망해본다.

실학과 실학사상에 관한 연구를 부감해보면 일본양명학
파의 연구경향과 너무나 흡사하다는 생각이 들기 때문이다.
그 전형에 탈성리학적 근대적인 실학사상이라는 규정과 더
불어 그 실학사상 범주 안에 양명학파를 포함시킨 연구경향
이 있다(인터넷 '한국민족문화대백과'). 이 단계에서 왕양명의 문
제의식을 확인하고자 한다.

1552년 왕양명은 육구연의 『상산문집』 중각(重刻)에 즈음
하여 서문을 작성했다. 여기서 그는 "성인의 학문은 심학(心
學)이다. 요·순·우 임금이 서로 전하며 말하길 인심(人心)은
위태롭고 도심(道心)은 미묘하니 정일하게 그 가운데를 잡으
라고 하였는데 이것이 바로 심학의 근원이다. (중략) 송나라
에 이르러 주돈이 이정(二程)이 등장하여 비로소 공맹의 종
지를 되찾을 수 있었다. (중략) 상산 육씨가 등장했다. 비록
순수함과 화평함은 위의 둘에 미치지 못하지만 간이함과 명

료함은 실로 맹자로부터 전수"받았다고 유학사의 전통 속에 육상산의 학문을 자리매김하고 그 특징으로 간이함과 명료함을 부각시켰던 것이다.

이는 박은식이 활용한 양계초의 "간단하고 쉽고 진실하고 절실한 방법으로 인도"해야만 한다는 문제의식과 동일할 만큼 흡사하다. 그리고 그 배경도 마찬가지다. "세상의 논자들은 그의 학문이 회옹(晦翁)과 다른 것을 보고 선(禪)이라 헐뜯었다. (중략) 선가의 학설과 육씨의 학설, 그리고 맹자의 학설이 다 책에 남아 있으니, 학자들이 한번 가져다가 읽어본다면 시비와 이동은 변론할 필요조차 없을 것이다. (중략) 시비와 이동은 언제나 이기고자 하는 마음과 구습에 젖어 자기 의견만 옳다고 여기는 데서 생겨난다. 이기고자 하는 마음과 구습이 초래하는 우환"을 걱정하였다.

다시 말하면 왕양명이 독자적인 학풍을 강구하지 않을 수밖에 없는 16세기 명나라 지식사회의 현주소이며 사대부들이 운영하는 정치 상황이기도 하다. 그런 상황에서도 왕양명은 육상산을 현창했지만 회암을 폄하하지 않았다. 그가 문제 삼은 것은 회암의 이름을 팔아 사욕을 챙기는 명나라 학자들이다. 요컨대 주자의 이름을 차용해서 자기의 주장만이 옳다고 우기는 사욕적인 지식인들을 앞에 두고 왕양명은 육상산의 학문과 사상의 계승자임을 자처한 것이다. 여기에 새로운 학문과 사상이 탄생했던 것이다(「왕수인 서문」, 『육구연집』
5, 육구연, 이주해·박소정 역주, 한국연구재단, 학술명저번역총서 동양
편 619, 학고방, 192, 193쪽). 이것이 바로 양명학이다. 이와 같은
시각에서 요시다 쇼인과 양계초와 박은식의 학문과 사상을
되돌아보면 거기엔 많은 공통성과 더불어 사회사상으로 생
동감 넘치는 유학사상이 살아 있음을 확인할 수가 있다.

그 생동감 넘치는 유학사상의 보편성을 요시다 쇼인이 남
긴 「투이서(投夷書)」에서 확인하고 이 책을 마무리하고자 한
다. 쇼인의 사상과 행동에는 구미의 지식인들까지 납득시키
는 매력이 있었고, 나아가 그 매력이 일본과 일본인을 바라
보는 서양인들의 시각에 크게 영향을 미쳤기 때문이다. 요컨
대 양명학을 매개로 한 유학과 유학사상의 보편성에 입각해
보면 또 다른 가능성도 보인다. 그것을 다나카 아카라의 선
행연구에서 확인할 수 있다.

동쪽 오랑캐에게 던진다는 뜻을 가진 「투이서」는 1854년
3월 27일 해외도항을 감행했을 때에 요시다 쇼인이 아메리
카 동인도함대의 페리 제독에게 제출한 청원서다. 3월 11일
작성한 청원서는 에도 막부와 아메리카합중국이 3월 3일 체
결한 일미화친조약(日米和親條約)의 후속 처리를 위해 이즈
반도의 시모다 앞바다에 정박하고 있던 아메리카함대의 증

기기관선인 포우하탄(Pawhatan)에 승선하여 직접 청원했을 때에 문서로 건네준 첨부 자료이다. 여기에는 세계 오대주로 웅비하고자 하는 쇼인의 꿈이 고스란히 실려 있다.

「투이서」를 요약해 번역하면 다음과 같다.

일본국 에도부의 서생 가노우치 만지와 이치키 고타는 중국의 서책을 읽게 되어 조금씩 유럽이나 아메리카의 풍습이나 교화의 형태를 알고 세계 곳곳을 주유하고 싶어졌습니다. 다행히 지금 귀국의 대함대가 돛대를 나란히 하여 내항하고, 우리 항구에 장기간 정박하고 있습니다. 우리는 귀 대신 및 각 장관들이 깊은 인애(仁愛)의 정(情)을 갖고 있음을 알 수가 있었고, 평소 염원이 또다시 솟구쳐 올라 이렇게 방문하게 되었습니다.

지금 단호히 뜻을 결정하여 비밀리에 청원을 하여 귀 함선에 승선하여 국외로 밀항해서 오대주를 돌아다니려고 하는 것입니다. 부디 집사분들이 이 계획이 성공할 수 있도록 배려를 해주시길 바랍니다. 무릇 다리가 불편한 사람이 달리는 것을 보고, 달리는 사람이 말을 타는 사람을 볼 때에 그 마음속의 부러움은 어떠한 것일까요? 하물며 우리에게는 일생을 바쳐서 아무리 분주하게 돌아다닌다 한들 이 나라 안에서 나가는 것은 불가능합니다. 그렇기 때문에 바람을 타고 파도를 타고 넘어 천리만리도 신속하게 항행하고 온 세계를 이웃집 다니듯이 왕래하는 당신들의 모습을 보면, 그 부러움은 발이 불편한 사람과 달리는 사람, 달리는 사람과 말을 타는 사람과 같은 비유 등은 도저히 비교할 수 있는 것이 아닙니다.

우리나라의 해외도항 금지령은 해제되어 있지 않기 때문에 만일 이것이 다른 사람에게 알려진다면 우리는 체포될 뿐만 아니라 즉시 목이 날아갈 것입니다. 우리들의 청원을 허락하시고 우리들을 숨겨주신 채로 출항하셔서 우리의 목이 날아가는 일이 없도록 해 주실 것을 청원하는 바입니다. 언제인가 귀국하게 되겠지만 그때는 이 나라 사람들도 오히려 우리의 과거를 추궁하는 것을 하지 않을 것입니다. 만지와 고타가 삼가 드립니다.

그것뿐만이 아니다. 노예해방을 위한 남북전쟁을 치르느라 여념이 없는 아메리카를 대신해서 일본 개국 전선에 깊이 관여한 1870년대 영국에선 문호 스티븐슨이 일본찬가를 불렀다.『보물섬』『신 아라비안 나이트』『지킬박사와 하이드』를 저술한 그가『YOSHIDA TORAJIRO』를 집필하여 이상적인 일본인을 영국과 서양 사회에 소개했던 것이다. 그 배경에는 도쿠가와 막부를 지원했던 프랑스의 대외정책과 달리 일찍부터 존왕양이론자를 비롯한 토막론자를 지원한 영국의 대외정책이 있었다. 최근 막부 말기 화친조약과 수호

통상조약의 체결과정에서 영국 역할을 상세히 추적한 선행
연구에서도 이를 확인할 수 있다.

　문호 스티븐슨은 마사키 다이조로부터 쇼인의 이야기를
청취하였다. 1871년 영국에 유학한 마사키는 1876년 유학생
들을 인솔해서 재차 영국에 입국하여 5년 동안 체재하였다.
1881년 귀국 후에는 도쿄직공학교의 초대교장을 맡은 그는
1890년에는 하와이 영사에 부임하였다. 이른바 영국과 미국
을 체험한 영미 전문가다.

　그는 두 번째 영국체류에서 스티븐슨과 만났다. 만나서
일본에는 이상적인 스승이 있는데, 그 스승이 바로 요시다
쇼인이라 피력하였다. 하지만 그가 쇼인 문하에서 학습했다
는 증거는 어디에도 없다. 이른바 마사키가 전달한 것은 요
시다 쇼인에 관한 추억이었다. 그가 하기에서 태어나 하기의
지식사회에서 성장한 인물이었기에 가능했던 요시다 쇼인
의 초상이다. 그만큼 하기번국에선 요시다 쇼인이 특별했다
는 증거다. 스티븐슨의 『YOSHIDA TORAJIRO』에서 쇼인
은 그저 "열렬하게 성실한 사람"이며 "외국의 군사력을 선
망해서 외국의 문화를 선망"하게 된 인물이었다. 그렇게 선
망했기에 감행한 시모다 도해였다.

쇼인 연구 '국가주의 틀'에서 벗어나야

요시다 쇼인을 한국학계에 소개하게 된 것은 언젠가 누군가는 해야 할 일이라는 책무감에서 비롯된 것이다. 일본의 국립대학에서 일본사상사에 입문한 필자는 근세일본의 주자학과 일본신도가 일치한다는 유가신도(儒家神道)를 전공영역으로 연구 생활을 해왔다. 그동안 많은 것을 섭렵했다. 근세일본주자학을 토대로 근대적인 양명학파와 근대적인 고학파, 나아가 일본적 주자학의 특수성을 발굴해낸 근현대일본학계의 선행연구를 정리하면서 언젠가는 한국유학사도 부감해볼 날이 올 것이라 생각하기도 했다. 다행히 한국학계에서 펼쳐진 일본학에 관한 연구 수준이 성숙하여 '인물로 보는 일본역사'를 기획하기에 이르렀다. 그 일환으로 요시다 쇼인을 소개할 기회를 부여받은 나는 오랫동안 다양한 형태로 구상을 되풀이했다. 그 결실이 이 책이다.

이 책은 원래 '생탄지에서 부감한 광기의 유학자'라는 부제를 붙였었다. 쇼인이 태어나서 성장한 야마구치현 하기시에서 선행연구가 확립한 학설을 하나하나 확인하면서 쇼인의 학문과 사상의 진수가 무엇인가를 확인하고자 노력했다. 왜냐하면 대부분의 선행연구가 국가주의에 입각해서 쇼인을 부감하는 방법을 취하고 있기 때문이다.

국체사상·존왕양이·무사도·정한론과 대동아공영권의 구상까지 모두 근현대일본의 국가주의 또는 자민족중심의 세계관을 토대로 해석에 해석을 거듭하면서 창출해낸 연구 결과물이다.

그 결과물이 창출되는 과정에선 왕양명이 걱정한 "이기고자 하는 마음과 구습이 초래하는 우환"도 난무하였고, 실로 "간이함과 명료함"이 절실한 연구 상황도 전개되었다. 다행히 요시다 쇼인의 학문과 사상을 기리는 쇼카손주쿠를 비롯한 관련 시설을 보전하는 하기시가 거기에 있었다. 원점인 출생지에서 성장과정과 더불어 체계화되는 학문과 사상을 선입견 없이 확인하면서 그 특징을 정리해보고자 했던 것이다. 집필을 준비하는 과정에서 동일한 주제인 『요시다 쇼인, 시대를 반역하다』(김세진 지음, 호밀밭, 2018)가 출간되었다. 일본과 일본인을 바라보는 한국인의 전형적 시각을 확인할 수 있고, 무엇보다 대중적 정서를 능숙하게 반영한 수작이라 생각한다. 그리고 "한반도의 역사는 물론이고 오늘날까지도 절묘하게 인연을 맺고 있는 요시다 쇼인을 직간접적으로 다룬 책이 1,200권이 넘는 일본과 달리 한국에는 2018년 현재 단 한 권도 존재하지 않는 현실"이라는 따끔한 지적은 나에게 책무감을 통감시켰음도 덧붙인다. 과제는 어떻게 어디까지 얼마만큼 쇼인의 학문과 사상에 접근할 수 있을까 하는 방법과 심도다.

요시다 쇼인은 유학자다. 유학은 동북아시아 한·중·일의 전통 학문이며 보편사상이다. 그 보편사상을 확장시키는 연속선상에 요시다 쇼인의 학문과 사상을 자리매김할 수 있을까? 그 해답의 일환으로 작성한 것이 이 책이다.

마지막으로 이 책을 작성함에 자료수집의 도움은 물론 2017년 히토쓰바시대학의 대학원 강좌인 근세일본사회사와 근세일본사상사 세미나의 모든 참가자로부터 아낌없는 학문적 조언을 받았음도 부기해두고 싶다.

참고문헌

박은식, 「한국통사」, 『白巖朴殷植全集』 제1권 저술, 동방미디어 2002.

박은식, 「몽금배태조」, 『白巖朴殷植全集』 제4권 저술, 동방미디어, 2002.

박은식, 「유교구신론」, 『白巖朴殷植全集』 제5권 저술, 동방미디어, 2002.

박은식, 이종란 옮김, 『왕양명실기』, 한길사, 2010.

왕양명, 김동휘 평역, 『전습록』, 신원문화사, 2010.

육구연, 이주해·박소정 역주, 『육구연집』 5, 학고방, 2018.

吉田常吉, 藤田省三, 西田太一郎 校注, 『吉田松陰』, 日本思想大系 54, 岩波書店, 1978, 원어 주석, 「書簡」「西遊日記」「東北遊日記」「回顧録」「江戸獄記」「狂夫の言」「囚室雑記」.

奈良本辰也 編集, 『吉田松陰集』 日本の思想 19, 筑摩書房, 1969, 원어와 현대어 번역 수록, 「講孟余話」「武教全書講録」「幽囚録」「回顧録」「野山獄文稿」「丙辰幽室文稿」「留魂録」「書簡」.

山口県教育会, 『吉田松陰全集』 普及版 全十二巻, 岩波書店, 1938~1940.

山口県教育会,『吉田松陰全集』定本版 全十巻, 岩波書店, 1934~1936.

松本三之介 責任編集,『吉田松陰』〈日本の名著31〉, 中央公論社, 1973, 현
　　대어 번역 수록,「留魂録」「要駕策主意」「幽囚録」「対策·愚論·続愚論」
　　「回顧録」「急務四条」「講孟余話」「書簡」.

김세진,『요시다 쇼인, 시대를 반역하다』, 호밀밭, 2018.

이계황,『일본근세사』, 혜안, 2015.

하종문,『일본사여행』, 역사비평사, 2014.

宮地ゆう,『密航留学生「長州ファイブ」を追って』, 萩ものがたり Vol.6, ヤ
　　マシマ印刷, 2005.

奈良本辰也,『吉田松陰』, 岩波新書, 1951(1981 改版).

德富蘇峰,『吉田松陰』, 岩波文庫33-154-1, 岩波書店, 1981(초판 1893).

道迫真吾,『萩の世界遺産−日本の工業化初期の原風景』, 萩ものがたり
　　Vol.54 ヤマシマ印刷, 2017.

桐原健真,『吉田松陰−「日本」を発見した思想家』, ちくま新書 1101, 筑摩書
　　房, 2014.

桐原健真,『吉田松陰−幕末志士たちの読書ネットワーク』, 吉川弘文館,
　　2016.

本山幸彦,『吉田松陰の思想−尊王攘夷への思想的道程』, 不二出版, 2010.

本郷隆盛,「吉田松陰」,『国史大辞典』14, 吉川弘文館, 1993.

小島毅,『朱子学と陽明学』, 放送大学振興会, 2004.

小島毅, 『近代日本の陽明学』, 講談社, 2006.

小山良昌, 『名君毛利敬親』, 萩ものがたり Vol.53, ヤマシマ印刷, 2017.

小川國治, 『藩校明倫館』, 萩ものがたり Vol.46, ヤマシマ印刷, 2015.

須田努, 『吉田松陰の時代』, 岩波現代全書 105, 岩波書店, 2017.

一坂太郎, 『吉田松陰: 久坂玄瑞が祭り上げた「英雄」』, 朝日新書 502, 朝日
　　新聞出版, 2015.

一坂太郎, 『吉田松陰とその家族』, 中公新書 2291, 中央公論新社, 2014.

田中彰, 『吉田松陰 変転する人物像』, 中公新書, 2001.

井上哲次郎, 『日本陽明学の哲学』, 富山房, 1900.

河合敦, 『吉田松蔭と久坂玄瑞』, 幻冬舎新書 364, 幻冬舎, 2014.

海原徹, 『吉田松陰 ―身はたとひ六指の野辺に―』, ミネルヴァ書房, 2003.

海原徹, 『吉田松陰と旅』, 萩ものがたり Vol.36, ヤマシマ印刷, 2012.

海原徹, 『松本村塾』, 萩ものがたり Vol.39, ヤマシマ印刷, 2013.

向笠公威 編集, 『吉田松陰と松下村塾』, 別冊宝島 2235, 宝島社, 2014.

이태진, 「요시다 쇼인(吉田松陰)과 도쿠토미 소호(德富蘇峰)-근대일본 한국침
　　략의 사상적 기저(基底)」, 『韓國史論』 60, 2014.

萩生茂博, 「日本의 近代와 陽明學」, 『南冥學研究』 제8집, 1998.

郭連友, 「日本幕末の指導者像: 吉田松陰の天皇観と孟子」, 『퇴계학논집』
　　12, 2013.

奈良本辰也, 「解説 松陰の人と思想」, 『吉田松陰集』, 日本の思想 19, 筑摩

書房, 1969.

奈良本辰也,「吉田松陰」,『開国と攘夷』, 人物日本歴史 18, 小学館, 1975.

藤田省三,「解説-書目選定理由__松陰の精神史的意味に関する一考察」,

『吉田松陰』, 日本思想大系 54, 岩波書店, 1978.

松本三之介,「思想家としての吉田松陰」,『吉田松陰』, 日本の名著 31, 中央

公論社, 1973.

荻生茂博,「日本における 近代陽明学の成立」,『季刊日本思想史』No.59, ぺ

りかん社, 2001.

田中彰,「吉田松陰像の変遷」,『吉田松陰』, 日本の名著 31, 中央公論社,

1973.

澤井啓一,「近代日本における陽明学の変容」,『양명학, 세상과 소통하기』,

제6회 강화 양명학 국제학술대회, 2009.

프랑스엔 〈크세주〉, 일본엔 〈이와나미 문고〉, 한국에는 〈살림지식총서〉가 있습니다.

요시다 쇼인 광기로 삶을 마감한 유학자

펴낸날	초판 1쇄 2019년 8월 30일

지은이	이희복
펴낸이	심만수
펴낸곳	(주)살림출판사
출판등록	1989년 11월 1일 제9-210호

주소	경기도 파주시 광인사길 30
전화	031-955-1350 팩스 031-624-1356
홈페이지	http://www.sallimbooks.com
이메일	book@sallimbooks.com

ISBN	978-89-522-4072-9 04080
	978-89-522-0096-9 04080 (세트)

이 도서의 국립중앙도서관 출판시도서목록(CIP)은 서지정보유통지원시스템 홈페이지
(http://seoji.nl.go.kr)와 국가자료공동목록시스템(http://www.nl.go.kr/kolisnet)에서
이용하실 수 있습니다.(CIP제어번호: CIP2019028964)

책임편집·교정교열 최정원 이상준

인물로 보는 일본역사 시리즈 전11권

홍성화 외 10인 지음

2019년 3·1 운동 100주년 기념, 2020년 8·15 광복 75주년을 기념하여 일본사학회가 기획한 시리즈. 가깝지만 멀기만 한 일본과의 관계를 돌아보기 위해 한국사와 밀접한 대표적인 인물 11명의 생애와 사상을 알아본다.

577 왜 5왕(倭 五王)
수수께끼의 5세기 왜국 왕 (인물로 보는 일본역사 1)

홍성화(건국대학교 글로컬캠퍼스 교양대학 역사학 교수) 지음

베일에 싸인 왜 5왕(찬·진·제·흥·무)의 실체를 파헤침으로써 5세기 한일관계의 실상을 재조명한다.

키워드 🔍

#왜국 #왜왕 #송서 #사신 #조공 #5세기 #백제 #중국사서 #천황 #고대

578 소가씨 4대(蘇我氏 四代)
고대 일본의 권력 가문 (인물로 보는 일본역사 2)

나행주(건국대학교 사학과 초빙교수) 지음

일본 고대국가에 커다란 족적을 남긴 백제 도래씨족 소가씨. 그중 4대에 이르는 소가노 이나메(506?~570)·우마코(551?~626)·에미시(?~645)·이루카(?~645)의 생애와 업적을 알아본다.

키워드 🔍

#일본고대 #도래인 #외척 #불교 #불교문화

579 미나모토노 요리토모(源賴朝)
무사정권의 창시자 (인물로 보는 일본역사 3)

남기학(한림대학교 일본학과 교수) 지음

무사정권의 창시자 미나모토노 요리토모(1147~1199)의 파란만장한 생애와 사상의 전모를 밝힌다.

키워드 🔍

#무사정권 #가마쿠라도노 #무위 #무민 #신국사상 #다이라노 기요모리 #고시라카와 #최충헌

580 도요토미 히데요시 (豊臣秀吉)
일본 통일을 이루다 (인물로 보는 일본역사 4)

이계황(인하대학교 일본언어문화학과 교수) 지음

동아시아 국제전쟁으로서의 임진왜란과 난세를 극복하고 일본천하를 통일한 도요토미 히데요시(1537~1598)를 통해, 일본을 접근해본다.

키워드 Q

#센고쿠기 #오다 노부나가 #도쿠가와 이에야스 #임진왜란 #강화교섭 #정유재란

581 요시다 쇼인 (吉田松陰)
일본 민족주의의 원형 (인물로 보는 일본역사 5)

이희복(강원대학교 일본학과 교수) 지음

일본 우익사상의 창시자 요시다 쇼인(1830~1859). 그가 나고 자란 곳 하기시(萩市)에서 그의 학문과 사상의 진수를 눈과 발로 확인한다.

키워드 Q

#병학사범 #성리학자 #국체사상가 #양명학자 #세계적 보편성 #우익사상 #성리학

582 시부사와 에이이치 (渋沢栄一)
일본 경제의 아버지 (인물로 보는 일본역사 6)

양의모(인천대학교 동북아 통상학과 강사) 지음

경제대국 일본의 기초를 쌓아올린 시부사와 에이이치(1840~1931). '일본 경제의 아버지'라 불리는 그의 삶과 활동을 조명한다.

키워드 Q

#자본주의 #부국강병 #도덕경제론 #논어와 주판 #민간외교 #합본주의

583 이토 히로부미 (伊藤博文)
일본의 근대를 이끌다 (인물로 보는 일본역사 7)

방광석(동국대학교 대외교류연구원 연구교수 · 전 일본사학회 회장) 지음

침략의 원흉이자 근대 일본의 기획자 이토 히로부미(1841~1909)의 생애를 실증적·객관적으로 살펴본다.

키워드 Q

#입헌 정치체제 #폐번치현 #대일본제국헌법 #쇼카손주쿠 #천황친정운동 #을사늑약
#한국병합

584 메이지 천황(明治天皇)
일본 제국의 기초를 닦다 (인물로 보는 일본역사 8)

박진우(숙명여자대학교 일본학과 교수) 지음

메이지 천황(1852~1912)의 '실상'과 근대 이후 신격화된 그의 '허상'을 추적한다.

키워드 🔍

#메이지유신 #메이지 천황 #근대천황제 #천황의 군대

585 하라 다카시(原敬)
평민 재상의 빛과 그림자 (인물로 보는 일본역사 9)

김영숙(고려대학교 한국사연구소 연구교수) 지음

일본 정당정치의 상징이자 식민지 통치의 설계자. 평민 재상 하라 다카시(1856~1921)를 파헤친다.

키워드 🔍

#정당정치 #문화정책 #내각총리대신 #평민 재상 #입헌정우회 #정우회

586 히라쓰카 라이초(平塚らいてう)
일본의 여성해방운동가 (인물로 보는 일본역사 10)

정애영(경상대 · 방송통신대 일본사 · 동아시아사 강사) 지음

일본의 대표 신여성 히라쓰카 라이초(1886~1971). 그녀를 중심으로 일본의 페미니즘 운동과 동아시아의 신여성을 조명한다.

키워드 🔍

#신여성 #세이토 #신부인협회 #일본의 페미니즘 #동아시아 페미니즘 운동
#동아시아 신여성

587 고노에 후미마로(近衛文麿)
패전으로 귀결된 야망과 좌절 (인물로 보는 일본역사 11)

김봉식(고려대학교 강사) 지음

미 · 영 중심의 국제질서에 도전하고 독일 · 이탈리아와 동맹을 강화하여 전쟁의 참화를 불러온 귀족정치가. 고노에 후미마로(1891~1945)의 생애와 한계를 살펴본다.

키워드 🔍

#중일전쟁 #태평양전쟁 #신체제 #일본역사

eBook 표시가 되어있는 도서는 전자책으로 구매가 가능합니다.

(주)살림출판사
www.sallimbooks.com
주소 경기도 파주시 문발동 522-1 | 전화 031-955-1350 | 팩스 031-955-1355